Die Queen

Ronald D. Gerste

Die Queen

Elizabeth II. und
das Haus Windsor

Verlag Friedrich Pustet
Regensburg

Umschlagvorderseite: Queen Elizabeth II. mit Gemahl Prince Philip bei der Ankunft in Ascot beim traditionellen „Ladies Day" am 19. Juni 1997 (Süddeutscher Verlag. AP Photo/Martin Hayhow)

Für Chester und Amelia

Die Deutsche Bibliothek – CIP-Einheitsaufnahme

Ein Titeldatensatz für diese Publikation ist bei
Der Deutschen Bibliothek erhältlich.

ISBN 3-7917-1767-7
© 2001 by Verlag Friedrich Pustet, Regensburg
Umschlaggestaltung: Anna Braungart, Regensburg
Gesamtherstellung: Friedrich Pustet, Regensburg
Printed in Germany 2001

Inhalt

Ein Morgen in Afrika

Die Morgenluft über der afrikanischen Savanne war noch von einer angenehmen Kühle, die flimmernde Hitze der Mittagszeit, welche die Beobachtung der sich dem Wasserloch nähernden Tiere so erschwerte, lag noch vor der Gruppe, die sich auf der hölzernen Plattform in der Baumkrone eingefunden hatte. Die junge Frau im Sommerkleid blickte fasziniert durch ihren Feldstecher auf die exotischen Spezies, die sich weniger als hundert Schritte von ihr entfernt zur Tränke einfanden. Antilopen, Zebras und schließlich auch ein einzelner Elefant, majestätisch einherschreitend, näherten sich dem kleinen Teich, nach allen Seiten sichernd und doch nie der Zweibeiner gewahr werdend, die hinter den Ästen und Zweigen des Baumriesen versteckt ihre Waffen in Anschlag hielten. Diese – wie auch der Zweck der Expedition – waren jedoch friedlichen Charakters, es waren ausschließlich die Teleobjektive der Fotoapparate und Kameras, deren sich die junge Frau und ihre Begleiter bedienten. Nur einer der Männer trug ein Gewehr – ausschließlich für den Fall, dass Löwen die Gruppe bedrohen sollten, so hatte der Jäger versichert. Was er nicht erwähnte, war eine ganz andere Gefahr, für die man gewappnet sein wollte: einen Angriff durch so genannte Mau-Mau-Rebellen, Mitglieder der kenianischen Unabhängigkeitsbewegung, die mit den Methoden des Guerillakrieges und oft auch des Terrors gegen die britische Kolonialherrschaft kämpften.

Prinzessin Elizabeth genoss die Abgeschiedenheit und den Reichtum der ostafrikanischen Fauna mehrere Autostunden von Nairobia und jeder so genannten menschlichen Zivilisation entfernt an diesem Außenposten des immer noch gewaltigen britischen Empires, irgendwo im Herzen Kenias. Sie spürte das Gefühl grenzenloser Freiheit, das über der Landschaft mit dem unermesslich weit entfernten Horizont lag, und dachte mit Vorfreude an die weiteren Stationen der vor ihr liegenden monatelangen Reise, die sie zu anderen fremdartigen Schauplätzen rund um den Erdball bringen würde. Doch die Wirklichkeit holte Elizabeth jäh und grausam ein. Als sie am frühen Nachmittag in die Lodge zurückkehrte, die ihr als Unterkunft diente, ergriff ihr Mann, Prince Philip, ihre Hand und ging langsamen Schrittes mit ihr durch den Garten der Anlage. Er hatte schlechte Nachrichten. Der Überseesender der BBC hatte gemeldet, dass ihr Vater, König George VI., an diesem Morgen auf Schloss Sandringham gestorben war. In die plötzlich aufwallende Trauer mischte sich erst allmählich ein anderer Gedanke: Ihr bisheriges Leben, das trotz aller öffentlichen Aufmerksamkeit überwiegend ein privates und unbeschwertes gewesen war, mit einem gelegentlich aufbrausenden, doch ihr stets zugetanen Mann und zwei kleinen Kindern, war vorüber. Sie war jetzt Königin von England, Schottland, Wales, Nordirland und all den anderen Territorien, die den Union Jack in der Flagge führten oder dem United Kingdom konstitutionell oder traditionell verbunden waren.

Dieser 6. Februar 1952 bedeutete einen dramatischen Einschnitt in Elizabeths Leben. Die Reise, die Elizabeth, Philip und ihre Begleiter nicht nur durch Afrika, sondern bis zu den geografischen Antipoden Englands, bis nach Australien und Neuseeland, hätte führen sollen, wurde sofort abgebrochen. Stattdessen nahm die viermotorige Propellermaschine der BOAC Kurs auf London.

Der Anblick, der sich Elizabeth bei der Landung in London bot, hätte keinen größeren Kontrast zu den hinter ihr liegenden Tagen in Afrika beinhalten können. Es war kalt und der Nieselregen ließ Afrikas mildes Winterklima wie eine unwirkliche Erinnerung erscheinen. Die am unteren Ende der Flugzeugtreppe stehenden älteren Herren, schwarz gekleidet und sowohl Trauer als auch Unsicherheit vor der Zukunft in ihren Mienen widerspiegelnd, erinnerten Elizabeth an den Ernst der Staatsgeschäfte, die von nun an ihr Leben als parlamentarische Monarchin bestimmen würden. Bei den Herren handelte es sich um Premierminister Sir Winston Churchill, 76-jährig, hoch geehrt als Held des Krieges, als Bollwerk gegen die finsterste Bedrohung, der sich Großbritannien in seiner Geschichte je ausgesetzt sah, ferner um Clement Attlee, der Churchill 1945 im Amt des Premiers gefolgt war und dann 1951 wiederum Downing Street No. 10 für ihn hatte räumen müssen, und schließlich um den langjährigen Außenminister Anthony Eden, der designierte und zunehmend ungeduldiger werdende potenzielle Nachfolger Churchills.

Die Agenda, mit der die Gentlemen auf Elizabeth warteten, war umfangreich und reichte von den Details der bevorstehenden Trauerfeier für George VI. bis hin zur Erforschung von Elizabeths Vorstellungen von ihrer Rolle als Monarchin, ihrer politischen Einstellung – so sie eine hatte, wessen man nicht sicher war – und ihrer Amtsauffassung. Für die neue Königin hatte der Arbeitsalltag mit fast brutaler Schnelligkeit begonnen.

Neunzehnhundertzweiundfünfzig: In unserer gern und wohl auch zutreffend als schnelllebig bezeichneten Zeit markiert diese Jahreszahl eine Epoche, die unendlich weit zurückzuliegen scheint und mit der Nachgeborene ungefähr so viel verbindet wie mit der Spätrenaissance oder dem Biedermeier. Das Jahr 1952 wird am ehesten lebendig in den damals – das Fernsehen in Europa steckte noch in den Kinderschuhen – so beliebten Wochenschaustreifen, die das Kinopublikum im Vorprogramm goutierte. Diese leicht flackernden Schwarz-Weiß-Bilder, mit Fanfarenmusik unterlegt und mit schneidiger Stimme kommentiert, zeigen ein England, das sich noch nicht von der wirtschaftlichen Auszehrung des Krieges erholt hat. Sie zeigen beim Blick über den Ärmelkanal hinaus eine Welt, die unserem Bewusstsein weit entrückt ist: In der damals noch real existierenden Sowjetunion regiert Josef Stalin, in dem westlichen, alles andere als souveränen Teil Deutschlands der mit einer parlamentarischen Stimme Mehrheit gewählte Konrad Adenauer. In Frankreich existiert die so genannte Vierte Republik, der nur noch wenige Jahre beschieden sind. Tony Blair, einst dazu bestimmt, der (zehnte!) Premierminister Queen Elizabeths II. zu sein, ist noch gar nicht geboren!

Der Wandel, der sich seit 1952 vollzogen hat, ist vollkommen und erstreckt sich auf alle Lebensbereiche, von der Politik über die Gesellschaft bis hin zu Technologien, an die damals niemand zu denken wagte und die heute für normale Untertanen oder Bürger sowohl selbstverständlich als auch erschwinglich sind. Nur eines hat sich seit jenem Februar 1952 nicht geändert: Auf Britanniens Thron sitzt Elizabeth II. Die junge und bildschöne Frau von damals ist zu einem Symbol der Kontinuität geworden, wie es im abgelaufenen halben Jahrhundert kein zweites gibt. Mit einer bemerkenswerten Mischung aus Pflichtbewusstsein und Prinzipientreue, aus Standvermögen und Courage hat sie und mit ihr die Monarchie immer wieder Krisen überstanden – auch und gerade solche, die ihren Ursprung in ihrem eigenen familiären Umfeld hatten. Mehr als einmal gab dies deshalb zu der Frage Anlass, ob ein moderner Staat wie das Großbritannien des beginnenden 21. Jahrhunderts überhaupt einer auf Pracht und Prunk basierenden Institution bedürfe und nicht mit einer republikanischen Staatsform besser – und billiger – bedient sei.

Es ist Elizabeths Verdienst, dass die britische Monarchie diese Krisen und Hinterfragungen bislang überstanden hat, wenn auch nicht ohne herbe Rückschläge und gelegentliche Einbußen an Sympathie und Glaubwürdigkeit. Elizabeths Leben ist letztlich eine Erfolgsgeschichte und wird es wahrscheinlich bis zum Ende ihrer Regierungszeit sein. Doch der Gedanke an das „Danach" jagt auch eingefleischten Royalisten einen Schauder über den Rücken. Wird sich, so fragte eine große deutsche Tageszeitung im Frühjahr 2001, „die Monarchie, so oder so, mit dem Tod von Königin Elizabeth selbst erledigen"?[1] Selbst die BBC, trotz gelegentlicher Kritik und dem einen oder anderen Konflikt mit Buckingham Palace und seinen Würdenträgern in den letzten fünfzig Jahren sicher kein Nährboden antimonarchischen Umsturzes, zollte Elizabeth II. bei einer Dokumentation aus Anlass ihres 70. Geburtstags einen merkwürdig ambivalenten Respekt, die Verdienste der Person von jenen der Institution wie mit dem Skalpell trennend: „Die Krone ruht sicher, so lange sie auf Elizabeths Haupt sitzt. Doch danach? Who knows?"[2]

Anmerkungen

1 Die Welt, 10. April 2001.
2 From Princess to Queen. BBC Dokumentation 1996.

Auf Umwegen zur Thronfolge

Es gehört zum Leben dieser bemerkenswerten Frau, dass sie sich immer wieder der Frage nach dem Sinn der Monarchie, nach der Überlebensfähigkeit dieser mehr als tausend Jahre alten englischen Institution stellen musste. Ihre Biografie hat Elizabeth für diese Herausforderung gewappnet, denn ihre Thronbesteigung verdankte sie in letzter Konsequenz der schlimmsten Krise, von der das britische Königshaus im 20. Jahrhundert erschüttert wurde und die es nichtsdestotrotz mit Bravour zu meistern verstand. Vielleicht liegt darin die größte Ironie in Elizabeths Vita: Sie wäre wahrscheinlich nie Königin geworden und hätte das Dasein eines der vielen mehr oder weniger mit öffentlicher Aufmerksamkeit bedachten Anverwandten des Herrscherhauses führen müssen, hätte es nicht eine Frau gegeben, die von diesem als Persona non grata behandelt wurde: Wallis Simpson. Die geschiedene Amerikanerin war der Grund für die Abdankung von Elizabeths Onkel, König Edward VIII. im Dezember 1936. Erst dieses dramatische Ereignis brachte Elizabeth dem Thron nahe. Wer weiß, vielleicht hätte ohne diese Affäre Elizabeth als Herzogin von York ein Leben geführt, in dem die alljährliche Überreichung des Tennispokals von Wimbledon der einzige Auftritt unter den Augen der Weltöffentlichkeit gewesen wäre?

Elizabeths Großeltern und Eltern

Auch wenn kaum ein mit Realitätssinn ausgestatteter Beobachter davon ausgehen konnte, dass die Geburt einer Thronfolgerin unmittelbar bevorstand, so richtete sich im April 1926 doch die Aufmerksamkeit der, wenn es um royale Familienangelegenheiten ging, damals noch recht zahmen Presse auf das propere, aus dem 18. Jahrhundert stammende Wohnhaus mit der Adresse *17 Bruton Street* im fashionablen Londoner Stadtteil Mayfair. Dort erwartete Elizabeth, geborene Bowes-Lyon, die Herzogin von York und Gemahlin von Albert, dem zweitältesten Sohn von König George V., ihr erstes Kind.

Ein kleiner Prinz oder eine kleine Prinzessin gaben aus zwei Gründen für die Zeitungsverleger Anlass zur Hoffnung auf erhöhte Auflagen: Zum einen war der designierte Thronfolger, der Prince of Wales, noch unverheiratet und damit an die Geburt des übernächsten englischen Königs oder der übernächsten englischen Königin auf absehbare Zeit nicht zu denken. Zum anderen sehnten sich die Menschen nach erfreulichen Nachrichten, denn England stand vor einer gesellschaftlichen Zerreißprobe. Der Streik der Bergarbeiter, einer für die Energieversorgung des Landes unersetzlichen Berufsgruppe, stand kurz bevor und nicht wenige Beobachter sahen in ihm das Vorspiel zum Klassenkampf, wenn nicht gar zur Revolution, wie sie binnen des letzten Jahrzehnts bereits verschiedene andere Länder, unter anderem Russland und Deutschland erschüttert hatte. Es war ein düsterer Monat für England, die Königsfamilie immerhin erfreute sich eines breiten Wohlwollens. Von George V. war bekannt, dass er den Forderungen der *coal miner* mit wesentlich mehr Sympathie und mit gesundem Empfinden für die soziale Wirklichkeit gegenüberstand als die Regierung, hatte er doch einen der wichtigsten Kohlebarone, als dieser von den Arbeitern als „verdammten Revolutionären" sprach, angeschnauzt: „Versuchen Sie doch, mit so einem Gehalt zu überleben, bevor Sie sich ein Urteil erlauben!"[1]

George V. hatte es verstanden, das Ansehen der Monarchie auf hohem Niveau zu halten oder, besser gesagt, es wiederherzustellen, nachdem er 1910 seinem Vater Edward VII. gefolgt war. Dieser, der älteste Sohn Queen Victorias, war von den langen Jahren im Wartestand zermürbt worden und hatte seine begrenzte Energie auf die Freuden der Tafel und des außerehelichen Beilagers verwendet. George hingegen beeindruckte seine Landsleute durch eine vergleichsweise (i. e. für royale Verhältnisse) bescheidene Lebensführung, was vor allem in den Jahren der Rationierung während des Ersten Weltkrieges als höchst angemessen empfunden wurde.

Dieser Konflikt setzte auch so starke antideutsche Ressentiments in Großbritannien frei, dass George es für ratsam hielt, die ausgeprägten deutschen Wurzeln seiner Familie (Großmutter Victorias Gene waren zur Hälfte, Großvater Alberts zur Gänze deutsch) zu kaschieren. Im Jahr 1917 führte er einen neuen Familiennamen ein, der die Erinnerung an „Sachsen-Coburg-Gotha" verdrängen sollte. Von nun an war Englands Herrscherfamilie offiziell das „Haus Windsor".

Der Herrschaftsanspruch der Windsors überstand das Jahr 1918, in dem mehrere europäische Throne stürzten, unbeschadet, nicht nur, weil man aus dem gigantischen Ringen als Sieger hervorgegangen war (anders als die Hohenzollern in Deutschland, die Romanovs in Russland und die Habsburger in Österreich-Ungarn), sondern auch, da die meisten Briten sich mit George und seiner energischen Frau, Queen Mary, identifizieren konnten. Trotzdem: Der König war sich bewusst, dass es ein wesentlicher Teil des monarchischen Aufgabenfeldes bleiben würde, sich die Gunst der Untertanen zu erhalten, denn der Sozialismus klopfte in Zeiten wirtschaftlicher Krise und, nach Jahren des Gemetzels auf dem Kontinent, emotionaler Verrohung auch in Großbritannien an die Türen der Herrscherhäuser und Paläste.

Zu den größten Sorgen eines jeden dynastischen Herrschers gehört die Thronfolge. Rein numerisch waren Queen Mary und King George V. auf der sicheren Seite, waren ihnen doch im Verlauf ihrer weitgehend harmonischen Ehe sechs Kinder geboren worden, von denen allerdings das jüngste, Prince John, mit vierzehn Jahren gestorben war. Die beiden Ältesten waren der 1894 geborene Prince Edward, im Familienkreis David genannt, und der ein Jahr später zur Welt gekommene Prince Albert, der Herzog von York.

Als Vater war George V. weniger umsichtig denn als Monarch. „Ich hatte", so erzählte er einem Vertrauten, „Angst vor meinem Vater und ich gebe mir alle Mühe, dass meine Kinder Angst vor mir haben."[2] Möglicherweise ist es dieser Erziehungsmaxime zu verdanken, dass fast alle seine Kinder Verhaltensauffälligkeiten an den Tag legten: David, der Prince of Wales, pflegte nervös mit seiner Krawatte oder seinen Manschettenknöpfen zu spielen, Albert begann zu stottern. Ein anderer Sohn, George, soll vorübergehend drogensüchtig gewesen sein.

Alberts Kindheit scheint besonders hart gewesen zu sein, was wohl der Grund dafür war, dass er es als Vater besser machen wollte und stets rührend um Elizabeths und ihrer Schwester Margarets Wohlergehen bemüht war. In einer Zeit, in der das Mitgefühl mit Behinderten nicht besonders ausgeprägt war, stieß der stotternde Junge auf Ablehnung oder besonders rigide Erziehungsmaßnahmen. Außerdem war er Linkshänder, was man ihm mit Gewalt abgewöhnen wollte. Wie andere nicht zur Thronfolge ausersehene Prinzen vor ihm, trat er in die Royal Navy ein, der Garantin britischer Weltherrschaft. Er genoss das Leben an Bord, nachdem er im *Naval College* zunächst wegen seines Sprachfehlers von Kameraden verspottet und von Ausbildern tyrannisiert worden war. Bei seiner nervösen Konstitution entwickelte er schließlich ein Magengeschwür, das ihn zwang, den Dienst bei der Marine zu quittieren.

Albert, von scheuem Naturell, war der personifizierte Kontrapunkt zu seinem älteren Bruder. David, der Prince of Wales, besaß ungeheuren Charme, wurde zum Liebling der Presse und schien zu den größten Hoffnungen Anlass zu geben, wenn der Tag der Thronfolge für ihn einst kommen würde. Neben seinen repräsentativen Pflichten widmete sich David ausgiebig dem Nachtleben, er liebte Partys, Cocktailempfänge und die Gesellschaft von interessanten Menschen aus Kunst und Wirtschaft, die in ihrem Lebensstil absolut nicht dem entsprachen, was bei Hofe als die Norm angesehen war.

Auf den ersten Blick weit weniger charismatisch als sein Bruder, beeindruckte Albert seine Umgebung aber durch seinen lauteren Charakter. Zu denjenigen, die hinter der trockenen Fassade die integre Persönlichkeit zu erkennen vermochten, gehörte eine junge Frau aus dem schottischen Hochadel. Albert hatte Elizabeth Bowes-Lyon im Sommer 1920 auf einem Ball kennen gelernt und sich auf den sprichwörtlichen ersten Blick in sie verliebt. Der Stammbaum ihrer Familie reichte weit bis ins Mittelalter zurück und ihr Stammsitz, *Glamis Castle*, war von Shakespeare bei der Abfassung von „Macbeth" zum Schauplatz des gewaltsamen Todes von Duncan erkoren worden. Lady Elizabeth war schön, gewinnend, lebensfroh, selbstbewusst (alles Eigenschaften, die Albert nicht in diesem Maße zu Eigen waren) und vor allem von einer eisernen, hinter einer Maske permanenten Lächelns verborgenen Willenskraft, wie sich im Laufe des Jahrhunderts, das sie zur Gänze durchlebte, immer wieder herausstellen sollte.

Die einem Flirt nicht abgeneigte Lady Elizabeth konnte sich nicht über einen Mangel an Verehrern beklagen. Unter ihnen war Albert keineswegs der Beeindruckendste. Er seinerseits war von der warmen, lebensfrohen Atmosphäre auf Glamis Castle höchst angetan, wenn er den sommerlichen Aufenthalt seiner Familie in Schloss Balmoral zu einem Besuch unter Nachbarn nutzte. Im Frühjahr 1921 hielt er um Lady Elizabeths Hand an und wurde zunächst abschlägig beschieden. Doch er blieb hartnäckig und wiederholte seinen Antrag zu Beginn des Jahres 1923. Diesmal stimmte Elizabeth Bowes-Lyon zu, zu seiner und König Georges V. Freude, der vom Charme der jungen Frau vollständig gefangen genommen war.

Die Ankündigung der Verlobung wurde von der Presse mit einer guten Portion Unglauben registriert, schien der zurückhaltende Albert doch für eine Frau ihrer Klasse allenfalls zweite Wahl, nachdem Gerüchte sie mit dem Prince of Wales in Zusammenhang gebracht hatten. Lady Elizabeth selbst soll allerdings nicht nur Albert als den geeigneteren Gatten eingeschätzt haben, sondern überdies keine Neigung verspürt haben, ihre relative Freiheit gegen ein Leben auf dem königlichen Präsentierteller einzutauschen – zunächst jedenfalls.

Nachwuchs im Hause des Herzogs von York

Albert, Herzog von York, und seine künftige Herzogin heirateten am 26. April 1923 in der Westminster Abbey in einer vergleichbar bescheidenen Zeremonie. Fast auf den Tag genau drei Jahre später war dem Paar Nachwuchs beschieden. In den frühen Morgenstunden des 21. April 1926 wurde die Herzogin per Kaiserschnitt von einem gesunden Mädchen entbunden. Wenige Wochen später wurde es in der Kapelle des Buckingham Palastes auf den Namen Elizabeth Alexandra Mary getauft.

Erst ein einziges Mal hatte eine (regierende) englische Königin den Namen Elizabeth getragen – es war jene große historische Persönlichkeit, die wie keine andere Herrschergestalt die Grundlagen für Englands Aufstieg zur führenden Kolonial- und schließlich zur Weltmacht gelegt hatte. Eine historische Analogie scheint bei der Namenswahl keine oder kaum eine Rolle gespielt zu haben, denn 1926 schien eine Thronbesteigung des kleinen Mädchens höchst unwahrscheinlich, da der Prince of Wales als gesunder Mann von normaler sexueller Orientierung zweifellos irgendwann heiraten und selbst Kinder und damit Thronfolger haben würde. Doch immerhin: Nach den Thronfolgegesetzen stand Elizabeth an Nummer drei, hinter dem Prince of Wales und ihrem Vater.

Bald nach Elizabeths Taufe zog die kleine Familie in ein Haus an jener schlicht *Piccadilly* genannten Straße in London, die parallel zur *Mall* verläuft. Wie in einer aristokratischen englischen Familie üblich, wurden weniger die Eltern als vielmehr die *Nanny* zu der die früheste Kindheit prägenden Persönlichkeit. Eine archetypische Vertreterin dieser klassischen britischen Spezies war jene Clara Knight, der Elizabeth in ihren ersten Lebensjahren anvertraut war. Von ihrem kleinen Zögling bald „Alla" genannt, war diese Nanny – ebenso wie ihre Nachfolgerinnen – praktisch Tag für Tag und rund um die Uhr im Dienst. Dies war auch eine Notwendigkeit, denn – Baby hin, Baby her – Elizabeths Eltern nahmen ihre repräsentativen Pflichten im Namen des Hauses Windsor ernst. Zu Beginn des Jahres 1927 brachen sie zu einer 6-monatigen Reise nach Australien und Neuseeland auf, jene fernen, mit Großbritannien assoziierten Staaten, die durch royalen Besuch regelmäßig an ihre Zugehörigkeit zum Empire und später zum Commonwealth erinnert werden sollten. Die halbjährige Abwesenheit von einem kleinen Kind wurde in dieser Gesellschaftsschicht als etwas vollständig Normales angesehen, der Gedanke an den potenziell traumatischen Charakter einer solchen Trennung wäre damals für widersinnig erachtet worden. Elizabeth selbst sollte einst dieses Verhaltensmuster exakt wiederholen und ihren neugeborenen Sohn Charles im Dienste der Krone ebenfalls für lange Zeit unter der Aufsicht einer Nanny lassen – auch dann würde das Reiseziel Australien heißen.

Ein beliebtes Ausflugsziel für die kleine Elizabeth waren die heimischen Gemächer der Großeltern, ob in Buckingham Palace, Windsor, Sandringham oder auf Balmoral. König George V. vergötterte seine Enkelin und legte jedwede Strenge, mit der er seine eigenen Kinder so verschreckt hatte, in Gegenwart der Kleinen ab. Ähnlich angetan von Elizabeth war Queen Mary, die es sich zur Aufgabe setzte, dem Kind das Gespür für den Glanz, aber auch die Pflichten des Monarchendaseins zu vermitteln. Dem Vernehmen nach sollen *Grandpa* und *Granny* zu den ersten Wörtern gehört haben, die das Mädchen sprechen konnte. George V. nannte seine Lieblingsenkelin (zu den älteren Kindern seiner Tochter Mary hatte er nicht annähernd ein so gutes Verhältnis) *Lilibet*, ein Kosename, der bald von anderen Familienmitgliedern übernommen wurde. Der Windsorschen Familienlegende nach sollen die Besuche der kleinen Elizabeth dem 1929 schwer erkrankten König neuen Lebensmut eingeflößt und schließlich sogar zu seiner Rekonvaleszenz beigetragen haben.

Im folgenden Jahr, zu ihrem vierten Geburtstag, schenkte ihr der König das erste eigene Pony. Es war ein prägendes Ereignis. Pferde wurden Elizabeths lebenslange Leidenschaft, mit einigem Abstand gefolgt von Hunden, die bei den Windsors allgegenwärtig waren. Zunächst von Labradors umgeben, entwickelte Elizabeth schließlich eine besondere Vorliebe für Corgis, jene kurzbeinige Hunderasse, von der ungezählte Generationen sie auf ihrem Lebensweg begleiten sollten.

Elizabeth war ein ungewöhnlich hübsches Kind mit dunklen

Augen und blonden Locken, das schon früh eine ernst-selbstbewusste, um nicht zu sagen majestätische Attitüde an den Tag legte. Obwohl nicht in direkter Thronfolge stehend, entwickelte sie sich zum Liebling der Medien und der Öffentlichkeit. Ihr Name schmückte Hospitäler und Kindergärten im gesamten, sich damals noch über den Globus erstreckenden Empire, und sogar ein Stück Antarktis wurde nach ihr benannt. Selbst in den USA nahm die Öffentlichkeit Anteil an ihrem Wachsen und Gedeihen: Nachdem ein Nachrichtenmagazin sie zur Titelblattpersönlichkeit gemacht hatte, wurde das von Elizabeth (bzw. ihren Nannies) bevorzugte Gelb zur Modefarbe für Kinder ihres Alters, die traditionellen Farben Rosa und Blau vorübergehend verdrängend.

Im August 1930 gab es Familienzuwachs bei den Yorks und ein Geschwisterchen für Elizabeth. Die Tatsache, dass dem Herzogspaar abermals ein Mädchen geboren wurde, löste in Hofkreisen nicht nur Jubel aus. Konservative Gemüter hatten auf einen Prinzen gehofft, allmählich wurde nämlich die Thronfolgefrage ein wenig intensiver diskutiert. König George V. war nicht bei bester Gesundheit und der Prince of Wales zeigte, obwohl mittlerweile sechsunddreißig Jahre alt, nicht die mindeste Neigung zum Heiraten. Die kleine Schwester Elizabeths wurde auf den Namen Margaret Rose getauft, sie vervollständigte ein familiäres Glück, das vielen Briten inzwischen als eine Idealvorstellung galt: Ein bescheiden lebendes, sympathisches Herzogspaar mit zwei ungewöhnlich hübschen, von ihren Eltern mit Liebe und Respekt behandelten kleinen Mädchen.

Margaret entwickelte sich, wie Beobachter der Windsors in den nächsten Jahren zu berichten wussten, zu einem lebhaften Wildfang mit ausgeprägtem Sinn für mehr als nur gelegentliche Streiche, Missetaten und Ungezogenheiten. Sie war im Vergleich zu Elizabeth zwar extrovertierter und impulsiver, aber weniger selbstsicher. Elizabeth legte denn auch schon bald gegenüber ihrer kleinen Schwester eine Neigung zur Beaufsichtigung, wenn nicht gar der Bevormundung, an den Tag – eine Konstellation, die in der oft nicht einfachen Beziehung der beiden Schwestern zueinander eine Konstante sein würde.

Eine neue Erzieherin, die den Lebensweg der beiden Prinzessinnen ab 1932 für die nächsten sechzehn Jahre begleiten sollte, war die aus Schottland stammende Marion Crawford, genannt *Crawfie*. „Von den beiden Kindern", so schrieb sie später, „hatte Lilibet stärkere Launen, doch sie behielt sie unter Kontrolle. Margaret war oft ungezogen, doch sie hatte ein fröhliches Wesen, das es schwer machte, ihr böse zu sein. Sie leistete mir oft Widerstand, mit verstohlenem Seitenblick, machte eine Szene, gab mir dann plötzlich einen Kuss – wir waren wieder Freunde und alles war vergeben und vergessen. Bei Lilibet dauerte es bis zur Versöhnung länger, doch sie zeigte immer die größere Würde von beiden."[3]

Crawfie schrieb viele Jahre später, als sie aus dem Dienst der Windsors ausschied und heiratete, ein Buch über ihre beiden Schützlinge mit dem Titel *The little princesses*. Es war ein Werk, in dem Elizabeth, Margaret und ihre Familie mit Wohlwollen geschildert wurden. Der Hof war jedoch auf das Strikteste gegen jedwede Veröffentlichung persönlicher Erinnerungen von ehemaligen Angestellten und versuchte Crawfie daran zu hindern. Als dies nicht gelang, strafte man sie mit totalem Boykott. Die Frau, die so viel zur Erziehung der beiden Prinzessinnen beigetragen hatte, galt fortan als Unperson. Selbst als die langjährige Gouvernante 1998 hochbetagt in Schottland starb, wurde kein Wort der Anteilnahme von ihren ehemaligen Zöglingen vernommen; vergeblich suchte man auf ihrem Grab einen Kranz der Queen oder ihrer Schwester. Die Kunst zu verzeihen, war Buckingham Palace nicht gegeben. Der „Fall Crawfie" ist nur eines von mehreren Beispielen royaler Unerbittlichkeit.

Auch wenn vorübergehend für Elizabeth und Margaret die Möglichkeit des Besuches einer Privatschule und damit der Kontakt mit „normalen" Kindern (also aus der gesellschaftlichen Oberschicht stammend) erwogen wurde, so vollzog sich ihre Ausbildung letztlich doch in der traditionellen Weise durch Privatunterricht. Der Unterricht sollte nach dem Willen des Herzogs und der Herzogin von York solide Grundlagen vermitteln, die Aussicht indes, dass eine der Töchter zu einer Intellektuellen heranwachsen könnte, wäre bei Hofe mit Grausen betrachtet worden. So weiß Elizabeths Biograf Ben Pimlott zu berichten, dass der Stundenplan der Zehnjährigen aus nur siebeneinhalb Wochenstunden bestand – sicher nicht gerade eine geistige Überbeanspruchung. Ungeachtet dieses überschaubaren Curriculums eignete sich Elizabeth in jenen Gebieten, die später für sie wichtig werden sollten, gute Kenntnisse an, wie z. B. der englischen Geschichte und der Verfassung des Königreiches. Ihre Sprachbegabung war außergewöhnlich gut, Französisch lernte sie ohne Mühe und in einer Qualität, dass später selbst Präsident de Gaulle ihrer Fähigkeit zur Konversation Lob zollte.

Wahrhaft exzellent war Elizabeths Ausbildung vor allem in einem Fach: dem Reiten. Besuche bei den großen Derbys gehörten zum Pflichtprogramm für Prinzessinnen, der Auftritt der beiden kleinen Mädchen in Ascot war alljährlich ein viel fotografiertes Ereignis. Die Pferdezucht nahm traditionell unter den königlichen und hocharistokratischen Lieblingsbeschäftigungen breiten Raum ein und der Gewinn einer Trophäe samt der damit verbundenen Prämie versetzte noch jedes gekrönte Haupt Großbritanniens in Entzücken: George V. ebenso wie die spätere Queen Elizabeth, die in den fünfziger und sechziger Jahren immer wieder wahre Siegesserien ihrer Rennpferde miterleben sollte.

Unterricht erhielt Elizabeth von privaten Reitlehrern des Buckingham Palace. Ihr Talent war unübersehbar, es galt als ausgemacht, dass sie sich zu einer ungewöhnlich geschickten und sicheren Reiterin entwickeln würde. Die Liebe zu Pferden endete nicht mit dem Verlassen des Parcours. Auch daheim standen die Vierbeiner im Mittelpunkt des kindlichen Spieles. Zum einen verfügten die Mädchen über Spielzeugpferde aller Größen und Materialien, zum anderen musste Crawfie das Zugpferd imitieren und die imaginäre königliche Karosse unter fröhlichem Wiehern durch die Gemächer von *145 Piccadilly* ziehen. Wenn Elizabeth und Margaret nichts anderes zu tun hatten, blickten sie aus dem Fenster der elterlichen Gemächer, um nach Reitern Ausschau zu halten, die dem benachbarten Hyde Park entgegentrabten. Die schottische Erzieherin deutet ebenso wie verschiedene Biografen der Queen zart an, dass die Liebe zu Tieren und der Umgang mit ihnen für Elizabeth und Margaret eine Kompensation für das Herumtollen mit anderen Kindern war – der Umgang mit Gleichaltrigen war für die Prinzessinnen eher eine Ausnahme. Auf Filmdokumenten aus ihrer Kindheit lächelt Elizabeth relativ selten und wenn, so tut sie es eher huldvoll als kindlich-unbeschwert. Eine Ernsthaftigkeit, die ungewöhnlich für ein Mädchen ihres Alters war, konstatierten Besucher der Yorks immer wieder. Elizabeth verblüffte wegen ihrer distinguierten Ausdrucksweise. Beobachter beschreiben sie als „ruhig, unaufdringlich und freundlich; sie verfügt über eine angeborene Würde, die ihrer hohen Position entspricht.[4]" Margaret hingegen galt als eine Art weiblicher Lausbub, immer zu Streichen aufgelegt und stets Elizabeth an ihre Verantwortung als ältere Schwester erinnernd. Beiden waren, darüber gab es einen breiten Konsens in der Öffentlichkeit, außergewöhnlich hübsche Kinder oder, wie es ein Diplomat seinem Tagebuch anvertraute, a perfectly delicious pair.[5] Auch dies war, neben der hohen gesellschaftlichen Position der Mädchen, ein Grund für die Aufmerksamkeit der Medien (die ihren Cousins und Cousinen nicht annähernd in diesem Maße zuteil wurde): Großbritannien erlebte infolge der 1929 ausgebrochenen Weltwirtschaftskrise eine Zeit gravierender wirtschaftlicher und sozialer Not. Der Blick auf die heile Welt der beiden Prinzessinnen bedeutete für die Leser der Zeitschriften und die Besucher der Lichtspielhäuser stets eine kurze Flucht aus einem grauen Alltag.

Diese Funktion erfüllte für viele Briten auch jenes Ereignis, bei dem Elizabeth zum ersten Mal die ganze Prachtentfaltung der Monarchie miterlebte sowie die Begeisterung, zu der Britanniens Untertanen fähig sein können, wenn sich Mitglieder des Königshauses dieser als würdig erweisen. Im Mai 1935 wurde das 25-jährige Thronjubiläum Georges V. gefeiert. Die Mädchen fuhren, diesmal nicht in Gelb, sondern in Pink gekleidet, in der offenen Kutsche zum Dankgottesdienst in die St. Paul's Cathedral und staunten ob der Zehntausenden, die sich trotz des kalten Wetters auf den Straßen versammelt hatten. Die Fähnchen schwingende Menge jubelte nicht nur dem alten König, sondern auch den jungen Prinzessinnen voller Enthusiasmus zu. Garderegimenter in ihrem glitzernden Harnisch, Militärkapellen, die der patriotischen Beglückung einheizten, und eine Vielzahl von Würdenträgern aus dem In- und Ausland begleiteten den Zug der königlichen Familie nach St. Paul's. Elizabeth war begeistert. George selbst dagegen empfand den Trubel als mindestens eine Nummer zu groß. Er verstehe nicht, raunte er dem Erzbischof von Canterbury zu, warum ihn die Menschen so feierten, er sei doch nur ein ganz normaler Bursche. Das, so antwortete der Kirchenmann, sei es ja gerade.

Das Thronjubiläum war eines der letzten großen Ereignisse im Leben des alten Königs. Die weihnachtliche Radioansprache an seine Untertanen in allen Teilen des Weltreiches konnte er nur noch mit Mühe und gebrochener Stimme verlesen. Am 20. Januar 1936 starb George V. Er wurde mehrere Tage lang im Westminster Palace aufgebahrt, wo ihm Hunderttausende die letzte Ehre erwiesen und an seinem Sarg vorbeidefilierten. Zusammen mit ihrer Mutter wohnte Elizabeth dieser letzten Ehrenbezeugung der Menschen bei, der sich wenige Tage darauf das Begräbnis in Windsor anschloss.

Die Affäre Wallis Simpson

George V. hatte in all seiner schlichten Jovialität vor allem für Verlässlichkeit gestanden. Wie würde es unter dem neuen König sein? Elizabeths Onkel David, der nun als Edward VIII. nomineller Herrscher über das britische Empire wurde, galt als ein Mann neuer Ideen und eines Lebensstils, der so gar nicht dem des Hauses Windsor entsprach. Der gesamte Hofstaat blickte deshalb mit ängstlicher Erwartung, wenn nicht sogar mit Abwehr auf den neuen Monarchen. Auf die Bevölkerung allerdings konnten diejenigen, die Edwards Privatleben für unvereinbar mit den Pflichten eines englischen Königs hielten, nicht bauen, denn der charmante, noch nicht 40-jährige Monarch erfreute sich einer großen Beliebtheit, obwohl und gerade weil er so ganz anders war als die Generation Georges V. (bei all ihren Verdiensten). Viele Briten fanden nichts dabei, dass er lieber auf Cocktailempfängen mit schönen Frauen parlierte, als sich auf die Fuchsjagd zu begeben, dass er auch den Umgang mit Künstlern, Intellektuellen und Industriellen suchte und nicht ausschließlich in Kreisen des europäischen Hochadels verkehrte. In seinem Privatleben bevorzugte Edward Beziehungen zu reiferen, entweder verheirateten oder geschiedenen Damen, wobei er ein besonderes Faible für Amerikanerinnen hatte. Amerika, das Land mit seiner von Konventionen freien Lebensart, seiner Liberalität hatte es ihm ohnehin angetan – auch dies mag für die Hüter der Monarchie in England ein Warnzeichen gewesen sein.

George V. soll einst prophezeit haben, dass sein Sohn sich nur sechs Monate auf dem Thron halten würde – eine Vorhersage, die der Wahrheit recht nahe kam. Edwards Gefährtin, die zweifach geschiedene Amerikanerin Wallis Simpson, wurde erwartungsgemäß vom Hof – um es noch zurückhaltend auszudrücken – nicht gerade mit offenen Armen empfangen. Veränderungen in der Personalstruktur des Hofstaates wurden ihr zugeschrieben, was auch begründet gewesen sein dürfte, denn Edward, in vielem sprunghaft, neigte dazu, sich von reifen Frauen wie Wallis lenken zu lassen. Das mag seine Ursache in Edwards Jugendzeit gehabt haben: Sein Vater war streng und meist unzufrieden mit ihm, sodass die königlichen Vorhaltungen in der Bibliothek zu seinen unangenehmsten Kindheitserinnerungen gehörten. Seine Mutter, Queen Mary, konnte oder wollte ihm die Liebe, nach der er sich sehnte, nicht geben – die Begründung für ihre Abwesenheit oder Unzugänglichkeit war stets die Ausübung der repräsentativen Pflicht, was zweifellos dazu beitrug, gegenüber den Aufgaben und dem Dasein eines Monarchen eine gewisse Distanz zu entwickeln. Die mütterliche Zuneigung fand Edward offenbar bei Wallis Simpson, die einer angesehenen Familie aus Baltimore entstammte und die, als Edward sie kennen gelernt hatte, gerade zum zweiten Mal verheiratet war. Nach Beginn ihrer Beziehung zum Prince of Wales suchte sie die Scheidung von ihrem Mann, dem Londoner Unternehmer Ernest Simpson.

Edwards Thronbesteigung wurde seitens der Bevölkerung mit großen Erwartungen begleitet. An seinem Patriotismus gab es keinen Zweifel, hatte er doch mit Auszeichnung im Ersten Weltkrieg gedient. Außerdem waren seine Sympathien für die sozial schwächeren Bevölkerungsschichten bekannt, sodass man sich einen Reformer auf dem Thron erhoffte, einen Monarchen, „der ein neues Zeitalter des Friedens und der Hoffnung einleiten"[6] würde. Von der Affäre mit Wallis Simpson wusste der Normalbürger zunächst nichts, die britische Presse legte damals, wenn es sein musste, eine Zurückhaltung an den Tag, die aus heutiger Sicht unglaublich erscheint. Die amerikanischen Zeitungen berichteten dafür umso enthusiastischer über die geradezu märchenhafte Romanze des jungen Königs von England mit einer Tochter des eigenen Landes.

Auch der zehnjährigen Elizabeth konnte die sich zuspitzende Affäre um „Onkel David" nicht entgangen sein, lag diese doch, wie Crawfie sich erinnerte, wie ein Schatten auf dem Familienleben der Yorks. Sie sorgten sich nicht nur um das Ansehen der Monarchie, Albert fürchtete die sich abzeichnende, auf einen Thronverzicht hinauslaufende Entwicklung, da er selbst sich für völlig ungeeignet hielt, den Belastungen des monarchischen Alltags standzuhalten. Nicht ganz geklärt ist die Rolle, die seine Frau in den allmählich Fahrt gewinnenden Kabalen spielte. Die spätere allseits beliebte, inzwischen hundertjährige Queen Mum war vielleicht doch nicht ganz von jener so gern zelebrierten Zurückhaltung und machte aus ihrer Aversion gegen „Queen Wallis" wenig Hehl. Vermutlich hat auch Edwards VIII. wenig fest gefügtes außenpolitisches Weltbild nicht zu ihrer Sichtweise der Position Großbritanniens in der Welt gepasst. Welche Rolle die öffentlich gern die Harmlosigkeit in Person gebende Mutter Elizabeths in dieser Affäre (und in anderen) wirklich gespielt hat, wird wohl erst nach ihrem Ableben von britischen Historikern zu erforschen sein. In puncto außenpolitischer Naivität bestätigte Edward übrigens schnell die Befürchtungen seiner Gegner, als er im

27

Jahr nach der Abdankung die unglaubliche Dummheit beging, Nazi-Deutschland zu besuchen und Hitler die Hand zu schütteln – für all jene, die seinen Gang ins Exil mit Erleichterung aufgenommen hatten, Grund genug, sich nachträglich erneut gerechtfertigt zu fühlen.

Die Krise erreichte in den ersten Dezembertagen 1936 ihren Höhepunkt, als nun auch der britischen Leserschaft die Affäre mit Wallis Simpson und das nicht zu den Statuten der anglikanischen Kirche passende Ansinnen Edwards auf Heirat mit der Geschiedenen nahe gebracht wurde. Die *Times* sprach am 3. Dezember noch recht sibyllinisch von „einer Menge Gerüchte" um den König, um bereits einen Tag später die nächste Eskalationsstufe zu erklimmen: *The King and a Crisis* lautete die Überschrift. Gemäß der bekannten englischen Medienweisheit, wonach die *Times* zwar nicht von allzu vielen Briten gelesen wird, wohl aber von all jenen, die die Meinung der Massen prägen, war das Bewusstsein, eine Staatskrise mitzuerleben, unter der Bevölkerung im Handumdrehen allgegenwärtig. Man erfuhr, dass bereits seit Wochen hektische Konsultationen zwischen dem König und seinen (nicht in allen Fällen loyalen) Ratgebern einerseits und der Regierung von Premierminister Stanley Baldwin andererseits stattgefunden hatten. Der Premier machte seinem Monarchen deutlich, dass die überwältigende und jedwede Parteigrenzen überspringende Mehrheit im Parlament eine Heirat mit Mrs. Simpson für unvereinbar mit der konstitutionellen Position des Monarchen hielt.

Rückendeckung erhielt Edward VIII. im Unterhaus nur von einer kleinen Gruppe um einen konservativen Parlamentarier, den politische Auguren als *backbencher*, als Hinterbänkler, ohnehin schon lange abgeschrieben hatten. Es handelte sich dabei um einen gewissen Winston Spencer Churchill, zweiundsechzig Jahre alt und nicht nur um das Wohl des Hauses Windsor besorgt, sondern auch durch und durch ein Romantiker. Churchill sprach offen aus, wie schwach die Position des Monarchen in Großbritannien, allem regelmäßig öffentlich zelebrierten Prunk zum Trotz, in der Realität geworden war: „Der König hat keine Möglichkeit des Zugangs zu seinem Parlament oder seinem Volk. Zwischen ihm und jenen stehen die im Amt befindlichen Minister der Krone. Selbst wenn diese es für ihre Pflicht halten, all ihre Macht und ihren Einfluss gegen ihn auszuspielen, so muss er es doch schweigend hinnehmen."[7]

Die Entscheidung war hinter den Kulissen jedoch gefallen. Edward VIII. fehlte der Wille, beides haben zu wollen, die Krone und die Frau, die er liebte und der er, so darf vermutet werden, hörig war. Am 10. Dezember 1936 entsagte Edward dem Thron und am 12. Dezember sprach er mit tränenerstickter Stimme zu seinem Volk und zur Weltöffentlichkeit. In England und auch in Amerika, wo man besonderen Anteil an der Affäre nahm, drängten sich Menschentrauben vor und in den Radiogeschäften, den mit einem Empfänger ausgerüsteten Cafés und Gaststätten, um Edwards Rede zu lauschen:

„Endlich bin ich in der Lage, ein paar eigene Worte zu sprechen. Ich wollte niemals etwas zurückhalten, doch bis zu diesem Zeitpunkt war es mir verfassungsrechtlich nicht möglich, zu sprechen. Vor einigen Stunden bin ich meiner letzten Pflicht als König und Kaiser nachgekommen und nun, da mir mein Bruder, der Herzog von York, nachgefolgt ist, sollen meine ersten Worte ihm in Loyalität gelten. Dies tue ich mit ganzem Herzen.

Sie alle kennen die Gründe, die mich veranlasst haben, dem Thron zu entsagen. Ich möchte, dass Sie verstehen, dass ich bei meiner Entscheidung das Land und das Empire nicht vergessen habe, dem ich 25 Jahre als Prince of Wales und nun als König versucht habe zu dienen. Doch Sie müssen mir glauben, wenn ich Ihnen versichere, dass ich es als unmöglich empfunden habe, die schwere Bürde der Verantwortung zu tragen und meine Pflichten als König, wie ich es gern wollte, zu erfüllen, ohne die Unterstützung und die Hilfe der Frau, die ich liebe. Ich möchte, dass Sie ferner wissen, dass es allein meine Entscheidung gewesen ist. Es war eine Sache, in der ich ganz allein ein Urteil fällen musste. Die andere Person, die es fast genau so betrifft, hat bis zum Schluss versucht, mich davon zu überzeugen, einen anderen Kurs einzuschlagen. Ich habe diese, die schwierigste Entscheidung meines Lebens von dem einzigen Gedanken abhängig gemacht: Was mag am Ende für alle das Beste sein ...

Ich werde mich nun aus allen öffentlichen Angelegenheiten zurückziehen und meine Bürde ablegen. Es mag einige Zeit dauern, bis ich in das Land meiner Geburt zurückkehre, doch ich werde stets dem Glück der britischen Menschen und des Empires mit dem größten Interesse folgen, und wenn irgendwann in der Zukunft ich Seiner Majestät in privater Funktion zu Diensten sein kann, so werde ich mich nicht verweigern. Und nun haben wir alle einen neuen König. Ich wünsche ihm und Ihnen, seinem Volk, mit meinem ganzen Herzen Glück und Wohlstand. Gott schütze Sie alle. God Save the King."[8]

Albert, Herzog von York, bestieg als George VI. den englischen Thron.

Anmerkungen

1 Zit. n. Bradford, George VI., S. 27.
2 Zit. n. ebd., S. 15.
3 Zit. n. ebd., S. 34.
4 Zit. n. Pimlott, S. 30.
5 Ebd.
6 Michael Bloch, The Reign and Abdication of Edward VIII. London 1990, S. 1.
7 The Times, 7. Dezember 1936.
8 Siehe im Internet: www.royal.gov.uk/history/abdicate.htm

Us four

Die Krise um Edward VIII., die in seiner Abdankung kulminierte, war vermutlich die größte Herausforderung, der sich die Monarchie im 20. Jahrhundert ausgesetzt sah – und doch, die Institution überstand die persönliche Tragödie des nur elf Monate amtierenden Königs erstaunlich unbeschadet. Ja, manche Beobachter sahen in der bestandenen Bewährungsprobe gar eine Stärkung der Krone: „Die Abdankung eines Königs und die Inthronisierung eines anderen innerhalb von sechs Tagen zu bewerkstelligen, ohne dass es zu einer Welle gegenseitiger Beschimpfungen zwischen den Mitgliedern der königlichen Familie oder zwischen ihnen und der Regierung oder zwischen der Regierung und der Opposition oder zwischen den herrschenden Klassen und den Arbeitern kam, war eine hervorragende Leistung, akzeptiert von den verschiedenen Teilen des Empires und von der übrigen Welt mit bewunderndem Staunen beobachtet."[1]

Edward VIII. war unmittelbar nach seiner Rundfunkansprache nach Frankreich gegangen; für ihn und Wallis, die er bald darauf heiratete, begann ein Leben im Exil, was trotzdem das offensichtliche Glück des Paares nicht trüben konnte. Ihnen waren noch 36 Jahre in innig verbundener Zweisamkeit beschieden. Für die königliche Familie daheim in Buckingham Palace war der Herzog von Windsor (so der offizielle Titel des Abgedankten) stets so etwas wie das „Skelett im Schrank", das „Schwarze Schaf", an das man nicht erinnert werden wollte und über das an keiner königlichen Tafel auch nur ein Wort verloren werden durfte. Elizabeth hielt sich völlig an diese auch von ihrer Mutter vorgegebene Linie. Der Onkel, der ihr immer aufs Freundlichste begegnet war, wurde auch für die Prinzessin zur Persona non grata, und er blieb es für die Königin bis zu einem ersten, formellen Wiedersehen in den sechziger Jahren. Sie hatte ihren Platz im System eingenommen und verstand die Rolle, die von ihr erwartet wurde.

Das System hatte in seiner größten Krise allerdings auch Glück: In der Stunde der Not stand mit George VI. eine personelle Lösung zur Verfügung, die als Glücksfall bezeichnet werden kann: von integerem Charakter, ausgeprägtem Verantwortungsbewusstsein und gesegnet mit einem unbeschwerten, glücklichen Familienleben. Nichtsdestotrotz, die Krise vom Dezember 1936 war auch ein Warnschuss vor den Bug oder, besser gesagt, vor den Thron. Das Privatleben der Mitglieder der Königsfamilie war nicht länger sakrosankt, die Öffentlichkeit war nicht geneigt, krasse Abweichungen von der bürgerlichen Norm und allzu offensichtliche Verfehlungen im persönlichen, ja gar im intimen Bereich widerstandslos hinzunehmen. Von nun an war klar, dass an das Haus Windsor ein Maßstab angelegt wurde, dem man gerecht zu werden hatte, wollte man nicht ins Kreuzfeuer der von wachsamen Medien angefachten Kritik geraten.

Einzug in Buckingham Palace

Für die zehnjährige Prinzessin brachte Onkel Davids Abdankung vor allem eine räumliche Veränderung mit sich. Aus dem eher gemütlichen Heim *145 Piccadilly* zog die Familie mit sämtlichen Nannies und allen Spielzeugpferden in den Buckingham Palace um. Mit seinen langen Zimmerfluchten schien er höchst ungeeignet für ein unbeschwertes Familienleben. Der neue König hatte selbst einen Teil seiner Jugendzeit, die nicht übermäßig glücklich war, hier verbracht. Ähnlich kleine Kinder wie Elizabeth und Margaret hatte zuletzt, vor mehr als achtzig Jahren, Queen Victoria gehabt und auch diese hatte so oft wie möglich mit ihrer Kinderschar Reißaus genommen, auf die Isle of Wight oder nach Schloss Balmoral in Schottland. Die relative Ruhe, die Elizabeth mit ihrer Schwester bislang genossen hatte, war nun ein Stück Vergangenheit. In Buckingham Palace herrschte reges Kommen und Gehen, die Zahl der offiziellen Verpflichtungen, die der scheue Herzog von York auf ein Mindestmaß hatte begrenzen können, vervielfachten sich für den neuen König von England. Elizabeth beobachtete ihren Vater aufmerksam. Würde er den Belastungen standhalten, die seine neue Rolle mit sich brachte? Und noch ein Gedanke mag das zur Ernsthaftigkeit neigende junge Mädchen beschäftigt haben: Sie war jetzt den sprichwörtlichen Herzschlag vom Thron entfernt, würde ihrem Vater etwas zustoßen, wäre sie die Königin von England.

Dass die neue Situation die Kinder nicht über Gebühr bedrückte, ist dem König zu verdanken gewesen. George VI. war ein *family man* im besten Sinne des Wortes. Er bemühte sich nach Kräften, seinen Töchtern auch unter den veränderten Umständen eine unbeschwerte Zeit des Heranwachsens zu sichern. Seine liebevolle Wärme hielt die Kälte von Buckingham Palace, die mehr als nur einem Bewohner im Laufe der Jahrhunderte aufgefallen war, von den Herzen seiner Töchter fern. Umgekehrt zog er Kraft und Stärke für die von ihm niemals herbeigesehnte Herausforderung aus der Harmonie seines Ehelebens und der Nähe seiner Kinder. *Us four*, wir vier, nannte er seine Kernfamilie, das Zentrum seiner Welt, in der er jene Sicherheit hatte, die ihm vor den Mikrofonen und den großen Versammlungen abging.

Bislang war Elizabeth mit ihrer Schwester Margaret zwar dank kontinuierlicher Berichterstattung den Briten bereits eine vertraute Erscheinung gewesen, das öffentliche Interesse erlebte jetzt jedoch eine nicht für möglich gehaltene Steigerung. Elizabeth ging souverän mit der Herausforderung um. Selbst wenn ihr die Blitzlichter der Fotografen, die ständigen Menschenaufläufe bei ihren Auftritten an der Seite der Eltern zu viel wurden , so ließ sie es sich nie anmerken, und wenn sie jemals klagte oder gar weinte, so tat sie es niemals unter den wachsamen Augen der Presse, sondern allenfalls im Nest der Geborgenheit, das da hieß *us four*.

Die Krönung Georges VI.

Elizabeth beobachtete ihren Vater, sah, unter welch großer Belastung er stand, vor allem dann, wenn er einen öffentlichen Auftritt absolvieren musste. Niemand sprach ihn zwar auf sein Stottern an, doch was mochten die Menschen von ihm denken? Würden Sie ihn nicht früher oder später für unfähig halten, den Pflichten eines Monarchen nachzukommen? Die Nagelprobe rückte näher: der glanzvolle Krönungsakt in der Westminster Abbey. Die feierliche Inthronisation war seit jeher das erhabenste Schauspiel, die prächtigste Selbstdarstellung der britischen Monarchie. Doch sie ist nicht nur ein sakraler Akt, sie bedeutet immer auch die Präsentation des neuen Königs oder der neuen Königin vor der Bevölkerung. Als genau einhundert Jahre zuvor die neunzehnjährige Queen Victoria den gleichen Gang ging, den nun George VI. vor sich hatte, waren mehr als 100 000 Menschen am Straßenrand versammelt.

Am 12. Mai 1937 waren es ähnlich viele, doch die Zahl der Reporter betrug das Mehrfache jener, die einst für Gazetten und Journale die Feder gespitzt hatten. Mehr noch, anno 1937 war ein neues Medium zugegen, das Radio, das von Prunk und Pracht und – möglicherweise – von peinlichen Patzern des neuen Königs berichten würde. Anders als einst bei Queen Victoria, die bei der Krönung noch unverheiratet war, richteten sich die Blicke der dicht gedrängt stehenden Menschen und die Objektive der Kameraleute auch auf die Gemahlin und die Kinder des neuen Königs.

Elizabeth folgte zusammen mit Margaret in einer gläsernen Kutsche dem Gefährt ihres Vaters. Sie beobachtete mit gesetzter Miene, wie souverän sich ihr Vater vor den ausländischen Staatsgästen, dem Premierminister und seinem Kabinett und den Vertretern der wichtigsten europäischen (oft anverwandten) Königshäuser gab. Die vom Erzbischof von Canterbury zelebrierte Krönungszeremonie verlief ohne Zwischenfall.

Ihre Empfindungen teilte Elizabeth ihren Eltern in einem Brief mit, einem der ganz wenigen persönlich von ihr verfassten Schriftstücke, das der Öffentlichkeit bekannt ist (ihre Reden wurden und werden Elizabeth im wahrsten Sinne des

Wortes „vorgeschrieben" und Tagebucheintragungen oder Briefe sind nicht zugänglich). Sie adressierte das Schreiben an „Mummy und Papa, zur Erinnerung an die Krönung, von Lilibet, von ihr selbst geschrieben: ein Bericht von der Krönung." Sie beschreibt, wie sie um fünf Uhr morgens von der Marinekapelle geweckt wurde, wie sich die Eltern ankleideten und wie die Familie dann in getrennten Kutschen („eine holprige Fahrt") zur Westminster Abbey fuhr: „Dann begann der Gottesdienst. Ich fand alles sehr, sehr großartig. Die Bögen der Abtei schienen mit dem Nebel des Wunders verschleiert zu sein, als Papa gekrönt wurde – so schien es mir zumindest. Als Mummy gekrönt wurde und alle Würdenträger ihre wappengeschmückten Kopfbedeckungen aufsetzten, sah es großartig aus ... Die Musik war wunderschön ...

Was mir ziemlich eigenartig vorkam war, dass Grandma [= Queen Mary] sich nicht mehr an ihre eigene Krönung erinnerte. Ich hatte erwartet, dass es für immer in ihrem Gedächtnis haften geblieben wäre. Am Ende wurde der Gottesdienst ziemlich langweilig und bestand nur noch aus Gebeten. Granny und ich schauten nach, wie viele Seiten es noch bis zum Ende waren und ich deutete auf das Wort am Ende jener Seite, das da hieß finis. Grandma und ich lächelten uns an und wandten uns wieder dem Gottesdienst zu.

Nach Verlassen der Westminster Abbey fuhren wir am Embankment, Northumberland Avenue vorbei, durch Trafalgar Square, St. James Street, Piccadilly, Regent Street, Oxford Street, vorbei an den hübschen Figuren bei Selfridges, durch Marble Arch, Hyde Park, Constitution Hill, um das Monument herum und in den Schlosshof.

Wir gingen alle auf den Balkon und sahen Millionen von Menschen auf uns warten. Danach wurden wir alle vor diesen schrecklichen Scheinwerfern fotografiert. Als wir uns zum Tee niederließen, war es fast sechs Uhr! Als ich ins Bett ging, taten meine Beine fürchterlich weh. Als ich meinen Kopf auf dem Kopfkissen niederlegte, schlief ich sofort ein und wachte nicht auf, bis es fast acht Uhr am anderen Morgen war."[2]

England hatte an jenem Maitag nicht nur einen neuen König, sondern auch eine neue Königin erhalten. Lady Elizabeth Bowes-Lyon galt fortan als Queen Elizabeth, ohne allerdings als solche gezählt zu werden, da es sich ja nicht um eine „regierende Königin" handelte. Der Queen Elizabeth I. aus der Zeit Shakespeares würde erst mit ihrer Tochter eine Queen Elizabeth II. folgen. Der Titel der langlebigen Lady Elizabeth lautet seit der Krönung ihrer Tochter: Her Majesty Queen Elizabeth The Queen Mother. Die männlichen Ehepartner einer Königin kommen übrigens im Protokoll nicht so gut weg: Albert, der Mann Queen Victorias, galt als Prince Consort, der spätere Ehemann der bei der elterlichen Krönung noch elfjährigen Prinzessin Elizabeth hieß und heißt vergleichsweise schlicht: Prince Philip, the Duke of Edinburgh.

So glanzvoll und letztlich erfolgreich, da ohne größeren Fauxpas, die Krönung auch verlaufen war, sie gab der neuen Königsfamilie keinesfalls ein unumstößliches Gefühl der eigenen Souveränität. In Momenten finsterer Gemütsanwandlungen sahen George und vor allem seine Frau sich nicht genau definierbaren Gefahren durch den exilierten Duke of Windsor ausgesetzt. Der König hatte die Beziehungen zu seinem Bruder fast völlig eingestellt, wesentlicher Gesprächspunkt waren die finanziellen Zuwendungen geblieben, die Edward (eigentlich: David) erwartete und die auf Jahre Anlass zu Streitereien geben sollten. George empfand die Apanagen durchweg als großzügig, sein Bruder war nie damit zufrieden, weil, wie bei Hofe gemunkelt wurde, Wallis einen Lebensstil erwartete, der dem von Buckingham Palace, in den einzuziehen ihr verwehrt war, ebenbürtig zu sein hatte. Als Edward und Wallis am 3. Juni 1937 heirateten, wurde das Ereignis vom Königshof boykottiert, niemand aus dem Umfeld Georges und Elizabeths durfte an der Trauung teilnehmen, die Edward mit, wie man bei Hofe befand, äußerster Perfidie auch noch auf den Geburtstag des Vaters gelegt hatte.

Der ferne Bruder warf einen langen Schatten auf das Dasein des Königspaares. Mit der Zeit traute man ihm jedwede Ränke zu und erinnerte sich an frühere Epochen englischer Geschichte, in denen Könige und Gegenkönige sich gegenseitig absetzten. Derartige Vorstellungen strapazierten Georges VI. Nervenkostüm über Gebühr. Der damalige britische Botschaf-

ter in Washington fand die Königsfamilie und deren Privatsekretär bei seinem Besuch auf Balmoral geradezu besessen
von der Vision eines Putsches durch den Exilierten. Natürlich
sah man hinter Edward – denn so fehl geleitet konnte der
eigene Bruder des Königs gar nicht sein – finstere Kräfte wirken. Neben Wallis, deren Ehrgeiz und Habsucht man sowieso
alles zutraute, schienen dazu jene Mächte zu gehören, die auf
dem europäischen Kontinent immer bedrohlichere Formen
annahmen. Edward, so erfuhr der Botschafter, sei von „Halb-
Nazis" umgeben, mit denen er sein Comeback plane. Elizabeths Biografin Sarah Bradford zitiert aus einem Brief des
Diplomaten an seine Frau, der einen Hauch von Paranoia am
Hofe der kleinen Prinzessin spüren lässt: „ Es erscheint mir
interessant, dass der König sich nicht wirklich sicher auf
seinem Thron fühlt. Bis zu einem gewissen Punkt ist er wie
ein mittelalterlicher Monarch, der einen verhassten Präten-
denten ins Exil gejagt hat … In gewisser Weise formt die Situation den König so, wie sie es mit seinen mittelalterlichen Vorgängern getan hat. Unsicherheit bezüglich dessen, was noch
kommen mag, erhöhte Empfindlichkeit, Misstrauen …"[3]
Was sich hinter der Fassade des Buckingham Palace ab-
spielte und auch die junge Elizabeth geprägt haben mag, sah
die britische Öffentlichkeit nicht. Vielmehr wurden die Krönung und das sympathische Erscheinungsbild der Familie als
gelungener Kontrapunkt gewertet zu den zunehmend ab-
stoßenderen Erscheinungsformen des Totalitarismus auf dem
europäischen Festland. In London waren Hunderttausende, so
wurde es empfunden, aus freien Stücken zusammengekom-
men, um ein Jahrhunderte altes Stück britischer, freiheitlicher
Tradition zu feiern, würdevoll, fröhlich und vor allem niemanden bedrohend. Welcher Kontrast zu den Massenaufmär-
schen in Rom, Berlin und Nürnberg, wo uniformierte Heer-
scharen zu martialischen Paraden antraten und Diktatoren
wie Mussolini und Hitler unaufhaltsam auf den Krieg zumar-
schierten. Ein Fest wie die Krönung, so war in London zu vernehmen, wäre selbst einem begabten Zeremonienmeister wie
Goebbels niemals gelungen, da eben das wertvollste Ingre-
dienz fehlte: die Freiheit.

Elizabeth verstand die Lektion in britischer Tradition, aber auch Zeitgeschichte, die sie in der Westminster Abbey so hautnah verfolgt hatte, sehr wohl. Das Mädchen hatte ein waches Bewusstsein für die Rolle der Monarchie innerhalb der britischen Konstitution und sie erwies sich als aufgeweckte Schülerin. In diesem für ihre spätere Auffassung von ihrem Amt so wichtigen Fach wurde sie am Eton College von einem der dortigen Professoren, Sir Henry Marten, unterrichtet. Eine französischstämmige Adelige, die Vicomtesse de Bellaigue, brachte ihr später die Sprache und die Literatur des wichtigsten Verbündeten Englands nahe. Mit besonderem Interesse studierte Elizabeth die Biografien der englischen Könige und Königinnen. Wer, so mag ihr vielleicht durch den Kopf gegangen sein, könnte mir als Vorbild dienen? Die unabhängige, aber auch brutale Elizabeth I. oder eher Queen Victoria, die auch die schwerste Krise, den Tod ihres geliebten Mannes, überwand und die sich die Zuneigung ihrer Untertanen wie kaum eine andere englische Herrschergestalt erwarb? Elizabeth spürte deutlich, dass ihr Land und ihre Familie Zeiten der Prüfung entgegengingen. Bei den Terminen, an denen die Prinzessinnen teilnahmen, sprachen die Erwachsenen immer öfter von der Wahrscheinlichkeit eines Krieges.

Im Herbst 1938 wohnte sie dem Stapellauf des größten Kreuzfahrtschiffes der Epoche bei, der *Queen Elizabeth*. Sie lernte bei der Zeremonie, dass das prächtige Schiff keineswegs nur für betuchte Urlauber gedacht war – es konnte auch mehre tausend Soldaten samt Material zu Einsatzorten jenseits des schützenden Kanals bringen. Als Elizabeth von der Schiffstaufe zurückkam, hörte sie von den Erwachsenen, dass der Premierminister, Neville Chamberlain, gerade aus München zurückgekehrt war. Auf dem Londoner Flugplatz hatte der hagere Mann mit dem silbergrauen Haar ein Papier geschwenkt und beschwörend *Peace in our time!* proklamiert.

Doch die Zeit für den Frieden lief unaufhaltsam ab. Im Frühsommer 1939 wurden Elizabeth und ihre Schwester wieder für mehrere Wochen von den Eltern getrennt – und diesmal flossen mehr Tränen, auch und gerade beim König, als bei der ersten langen Trennung im Babyalter. Die Eltern fuhren zum Staatsbesuch in jenes Land, das für das Überleben Großbritanniens binnen kurzem entscheidend werden sollte, die USA. Präsident Franklin Delano Roosevelt hatte zwar ausdrücklich die beiden Prinzessinnen mit eingeladen, auf dass sie mit seinen Enkelkindern spielen könnten, doch George und Elizabeth hielten das Unternehmen für zu anstrengend, da sich dem Besuch in Washington eine Rundreise durch Kanada anschloss, dessen Staatsoberhaupt George VI. war. So erfuhr Elizabeth daheim in London von dem großen Erfolg, der ihren Eltern in der Neuen Welt beschieden war. Die Menschen hatten dem britischen Monarchenpaar zugejubelt und eine emotionale Verbundenheit zwischen den Vereinigten Staaten und deren einstigem Mutterland demonstriert, auf welche die Regierungen in London und Washington in Zukunft würden bauen können.

Nach sechswöchiger Trennung verfolgte die Presse voller Aufmerksamkeit das Wiedersehen der beiden Prinzessinnen mit ihren Eltern. Ein Kriegsschiff brachte Elizabeth und Margaret dem Dampfer entgegen, auf dem der König und die Königin heimkehrten. Auf hoher See, einige Meilen außerhalb von Portsmouth, fielen sich die Eltern und die beiden Mädchen in die Arme. Alle vier, *us four*, wussten, dass in den bevorstehenden schweren Zeiten die Liebe, die sie füreinander empfanden, die beste Stütze sein würde.

Anmerkungen

1 Zitiert n. Pimlott, S. 37.
2 Pimlott, S. 45 f.
3 Zit. n. Bradford, S. 72.

Die Familie der Nation

Für die Zeitgenossen war der Sommer des Jahres 1939 einer der schönsten seit Menschengedenken, so, als wolle die Natur noch einmal daran erinnern, wie großartig das Leben in Frieden sein kann, bevor die Mächte der Aggression und der Finsternis die Welt in Brand setzten. Europa waren lang anhaltende Wochen des Sonnenscheins beschieden. Die Strandbäder des Kontinents erlebten Zulauf wie noch nie, ob sie Brighton, Biarritz oder Usedom hießen. In den großen Metropolen fanden die Straßencafés regen Zuspruch, in London und Paris ebenso wie in Rom oder Berlin. Die Gewitterwolken, die sich am Horizont türmten, waren unübersehbar und gerade deswegen war die Lebensfreude ausgelassener, leichtsinniger als in all den Jahren zuvor. Elizabeth und ihre Familie ahnten, wie die Menschen überall in Europa, dass es der letzte unbeschwerte Sommer für lange Zeit sein würde. Der Traum des Neville Chamberlain vom Frieden in seiner Zeit war nach einem halben Jahr dem Schock der Realität gewichen. Hitler hatte im März 1939 den Rest der Tschechoslowakei, deren Bestand er in München noch garantiert hatte, überfallen und damit Chamberlain deutlich gemacht, wo der Denkfehler des britischen Premiers lag. Dieser honorige, bei Elizabeths Familie ungeheuer beliebte Mann war es gewohnt, Umgang mit Gentlemen zu pflegen, unter denen das gesprochene und gegebene Wort etwas galt. In München war er der exakt gegenteiligen Spezies begegnet.

Auch die dreizehnjährige Elizabeth genoss diesen wundervollen Sommer, teils auf Schloss Balmoral in Schottland, teils auf Reisen mit ihren Eltern, deren repräsentative Pflichten nach der Rückkehr aus Amerika nicht weniger wurden. Einer dieser Termine sollte für Elizabeths Leben eine einschneidende Bedeutung erlangen, auch wenn diese nur mit dem Wissen um den weiteren Gang der Ereignisse beurteilt werden kann. Im Juli besuchten Elizabeth und Margaret zusammen mit dem König und der Königin das *Royal Naval College* in Dartmouth. Ein Filmstreifen von diesem Ereignis zeigt die noch etwas kindlich wirkende Dreizehnjährige, nur wenige Schritte entfernt von einem hoch gewachsenen, blendend aussehenden jungen Mann in Marineuniform, der sie halb fasziniert, halb amüsiert beobachtete. Der junge Mann war Prinz Philip von Griechenland. Der offiziellen Hofgeschichtsschreibung nach soll sich Elizabeth an diesem Sommertag zum ersten und einzigen Mal richtig verliebt haben.

So schneidig der Prinz auch in seiner blauen Uniform aussah, so bescheiden waren doch seine Zukunftsperspektiven. Er war 1921 auf der griechischen Insel Korfu als Sohn des griechischen Prinzen Andreas und der aus Hessen stammenden Prinzessin Alice zur Welt gekommen. Wie bei den genealogischen Verstrickungen des damaligen europäischen Hofadels nicht ungewöhnlich, war der neugeborene Prinz mit praktisch allen wichtigen Herrscherhäusern verwandt, darunter auch mit dem englischen, was ihm schon im Alter von wenigen Monaten zugute kommen sollte. Als die Griechen ihr Herrscherhaus stürzten, konnte Philip mit seiner Familie von einem britischen Kriegsschiff gerettet werden. Ein Leben im Exil begann. Ab 1934 besuchte der Staatenlose eine Privatschule in England. Seine vier Schwestern hatten allesamt deutsche Adelige geheiratet – ein Übermaß an familiären Bindungen an das Land Hitlers, die Philip mehr als einmal zu seinem Nachteil ausgelegt wurden. Er beherrschte die englische Sprache makellos und trat schließlich, nicht zuletzt dank Fürsprache seiner britischen Verwandtschaft, in die Royal Navy ein. Der Entschluss hierzu ging auf eine Empfehlung seines Onkel Louis Mountbatten zurück, der seinerseits ein Cousin Georges VI. war. Etwa ab 1938 nahm Mountbatten in Philips Leben die Rolle eines Ziehvaters ein – eines Ziehvaters mit exzellenten Verbindungen, mit Ehrgeiz und einem sicheren Blick für untrügliche Gelegenheiten. Mountbatten, selbst Marineoffizier, hielt von nun an fürsorglich die Hand über Philips Leben – eine Protektion, die er später auf dessen Sohn Prince Charles ausdehnte. Er sah das große Potenzial in dem jungen Mann, der voller Humor und Esprit, wenngleich von gelegentlich aufbrausendem Temperament war. In Philips Nähe zu sein, bedeutete, sich zu amüsieren. Dies merkten auch die beiden kleinen Prinzessinnen, bei denen er, wie Mountbatten an jenem Abend in sein Tagebuch notierte, vorzüglich ankam. Elizabeth würde den jungen Mann jedenfalls nicht vergessen.

Für George VI. kam der Kriegsausbruch zum denkbar unangenehmsten Zeitpunkt. Er befand sich zur frühherbstlichen Jagd auf Balmoral und habe, so beklagte er sich, noch niemals so viele Wildgänse erlegt, doch dann sei dieser Schurke Hitler gekommen und habe alles verdorben. Die internationale Situation hatte sich im August dramatisch zugespitzt, als Hitlers Angriffsabsichten auf Polen kaum noch verheimlicht wurden. Die britische Regierung hatte inzwischen gelernt, dass man den Appetit von Aggressoren durch Nachgeben nur noch vergrößert und deshalb Polen Beistand im Falle eines deutschen Angriffs versprochen. Die Hoffnung, den Diktator endlich in Schach halten zu können, zerschlug sich mit der spektakulärsten diplomatischen Kehrtwende des 20. Jahrhunderts: Nazi-Deutschland und die Sowjetunion, ideologisch eigentlich Todfeinde, verbündeten sich, um die polnische Beute unter sich aufzuteilen. Eine britische Delegation, mit dem Ziel nach Moskau gereist, dort einen potentiellen Verbündeten zu finden, musste frustriert umkehren. In den Morgenstunden des 1. September 1939 begann der deutsche Angriffskrieg, zwei Tage später befanden sich Frankreich und Großbritannien im Kriegszustand mit Deutschland.

Obwohl eigentlich absehbar, überraschte das britische Ultimatum Hitler dennoch. Sein Außenminister Joachim Ribbentrop, vormals deutscher Botschafter in London, hatte ihm aus seiner vermeintlich eingehenden und profunden Kenntnis des britischen Nationalcharakters prophezeit, dass England seine jungen Männer nicht für Danzig würde sterben lassen.

Von seinem verdorbenen Jagdurlaub nach London zurückgekehrt, wandte sich Elizabeths Vater in einer dem Anlass angemessenen Rundfunkansprache an die Bevölkerung: „In dieser ernsten Stunde, vielleicht der schicksalshaftesten unserer Geschichte, sende ich an jeden Haushalt meiner Völker, sowohl daheim als auch in Übersee, diese Botschaft, mit demselben, tiefen Gefühl an jeden von Ihnen gerichtet, als wenn ich in der Lage wäre, über Ihre Schwelle zu treten und zu Ihnen persönlich zu sprechen. Zum zweiten Mal innerhalb unserer Lebensspanne befinden wir uns im Krieg. Immer wieder haben wir versucht, einen Ausweg aus den Differenzen zwischen uns und jenen zu finden, die nun unsere Feinde sind. Es war vergebens. Wir wurden in diesen Konflikt hineingezwungen. Denn es ist nun an uns und unseren Verbündeten, der Herausforderung durch eine Denkweise entgegenzutreten, die, wenn sie sich behauptete, tödlich für jede zivilisierte Ordnung auf der Welt wäre.

Es ist eine Denkweise, welche es einem Staat, im eigennützigen Streben nach Macht, erlaubt, Veträge und gegebene Versprechen zu brechen, die den Gebrauch oder die Androhung von Gewalt gegen die Souveränität und Unabhängigkeit anderer Staaten gutheisst. Solch eine Denkweise, nun aller Tarnung entblößt, ist nichts weiter als die primitive Doktrin, dass Macht und Recht identisch sind, und wenn dieses Prinzip sich auf der ganzen Welt etablierte, wäre die Freiheit unseres eigenen Landes und des ganzen britischen Commonwealth in Gefahr. Aber mehr als das – die Völker der Welt würden ständig in den Fesseln der Furcht gehalten und alle Hoffnung auf einen sicheren Frieden und auf den Bestand von Gerechtigkeit und Freiheit unter den Völkern hätte ein Ende.

Dies ist die entscheidende Frage, der wir uns stellen. Im Interesse aller Werte, die uns teuer sind, und für die Ordnung und den Frieden dieser Welt, müssen wir uns der Herausforderung stellen. Zu diesem hohen Zweck spreche ich zu meinem Volk daheim und zu meinen Völkern jenseits der Meere, die unsere Sache zu der ihren machen. Ich bitte sie, in dieser Zeit der Prüfung ruhig, fest und einig zu sein. Die Aufgabe ist schwer. Es mögen dunkle Stunden kommen und der Krieg kann nicht länger auf das Schlachtfeld begrenzt werden. Aber wir können nur das Richtige tun, wo wir das Recht sehen und in unserer Sache demütig dem Herrn vertrauen. Wenn ein jeder und wir alle standhaft bleiben, bereit zu jedem Dienst und jedem Opfer, das verlangt wird, dann, mit Gottes Hilfe, werden wir bestehen. Möge der Herr uns schützen und mit uns sein."[1]

Daraufhin legte George VI. seine Zivilkleidung ab und trug bis zum Ende des Krieges die Uniform eines Admirals der von ihm so geliebten Royal Navy.

Windsor Castle als Refugium für Elizabeth und Margaret

Es wäre verfehlt, wollte man behaupten, dass Elizabeths Kindheit mit dem Ausbruch des Krieges endete. Das Gefühl der Geborgenheit, das George stets seiner Familie vermittelte, blieb den Kindern auch in unruhigeren Zeiten erhalten. Für die Prinzessinnen bedeutete der Kriegsausbruch vornehmlich den Auszug aus Buckingham Palace. Nach mehreren Zwischenstationen wurde schließlich Windsor Castle zum permanenten Domizil der Kinder. Das alte Schloss, die Keimzelle des englischen Königtums, lag nach Einschätzung des Hofes weit genug außerhalb der Hauptstadt, um deutschen Bombern als lohnenswertes Ziel zu erscheinen, war andererseits jedoch für George und die Königin in weniger als einer Stunde zu erreichen, wollte man die Kinder sehen. Der König und seine Gemahlin residierten nach wie vor in Buckingham Palace, ein Umzug, nach Balmoral etwa, hätte wie eine Flucht ausgesehen. Dies hätte Georges Amtsauffassung zutiefst widersprochen. Der politisch machtlose Monarch sah seine Aufgabe vor allem darin, die Moral der Bevölkerung zu stärken. Es gelang ihm hervorragend. Der persönlich bescheidene, unaufdringliche Mann wurde zu einer Identifikationsfigur für die Briten, über den politischen Parteien stehend und überdies noch mit einer Familie gesegnet, die all das zu verkörpern schien, für das im Angesicht der Aggression und des Rassenwahns es zu kämpfen sich lohnte. Für die Untertanen waren George und die Königin zusammen mit ihren beiden hübschen, wohlerzogenen Töchtern das Idealbild einer britischen Familie, das Symbol eines freien Landes, das seine kleinen Mädchen nicht in BDM-Uniformen steckte und seine Jungen nicht in Organisationen wie der HJ paradieren ließ.

Für Elizabeth waren die Jahre in Windsor, trotz der häufigen Trennung von den Eltern, wahrscheinlich die schönsten ihrer Kindheit. Sie äußerte dies noch ein halbes Jahrhundert später, als Windsor Castle bei einem Brand schwer beschädigt wurde, ein Ereignis, das die Queen so sichtbar erschütterte wie kaum ein anderes in ihrem Leben. Elizabeth erhielt weiter ihren Privatunterricht, hatte aber genügend Freizeit, um auszureiten oder mit den geliebten königlichen Corgis zu spielen. Dass sich ständig Angehörige eines Wachregimentes in ihrer Nähe befanden – als Vorkehrung, sollten die Deutschen so perfide sein, die Prinzessinnen von Fallschirmjägern entführen zu lassen – war für sie keine Belastung, sie empfand die Gegenwart der jungen Männer eher als erfrischend. Ihr wurde bald bewusst, dass die britischen Royals unter den gekrönten Häuptern Europas eine vom Schicksal privilegierte Stellung einnahmen. Binnen weniger Monate waren mehrere, natürlich allesamt mehrfach mit den Windsors verwandte Monarchen ins englische Exil getrieben worden, wie die Königin der Niederlande, der belgische und der norwegische König, oder waren zu Gefangenen im eigenen Land geworden wie der König von Dänemark.

Weniger Gedanken verschwendete Elizabeth hingegen an einen anderen Exilierten. Ihren Onkel, den Herzog von Windsor, hatte man nach Beginn der deutschen Offensive im Westen im Mai 1940 schnellstmöglich aus Frankreich herausgebracht, da die britische Regierung befürchtete, er könne von den Deutschen gefangen genommen und zu einer Art Gegenkönig propagandistisch aufgebaut werden – eine Einschätzung, die Edwards Loyalität zu seinem Land nicht allzu hoch bewertete. Stattdessen strebten Regierung und Buckingham Palace danach, den verstoßenen Ex-König in die Kriegsanstrengung einzubinden und suchten eine Aufgabe für ihn, bei deren Erfüllung er wenig falsch machen konnte. Man wurde fündig: Der Elf-Monate-König wurde zum Gouverneur der

Bahamas ernannt, vermutlich einer der unwichtigsten Positionen im Getriebe des bedrängten Weltreiches, aber immerhin eine, die Edwards Lebensstil Rechnung trug. Im Umfeld des Duke of Windsor schätzte man diese ehrenvolle Aufgabe durchaus richtig ein und sprach unverbrämt von einem „Elba" – jenem kurzzeitigen Exil Napoleons 1814/1815 auf der Mittelmeerinsel ähnlich, indes mit dem Unterschied, dass Edwards Exil ein lebenslanges war.

Im ersten Kriegswinter 1939/40 war auf den britischen Inseln noch wenig von dem Konflikt zu spüren. Elizabeth nahm dennoch großen Anteil an den Nachrichten, die von den Geschehnissen auf dem Kontinent eintrafen. Kurz vor Weihnachten jedoch kam der Krieg zu ihrem Entsetzen auch nach Großbritannien. Ein deutsches U-Boot war in die Flottenbasis Scapa Flow auf den Orkney Islands eingedrungen und hatte das Schlachtschiff mit dem königlichen Namen *Royal Oak* versenkt. Mehr als 800 britische Seeleute kamen bei der Katastrophe um. Elizabeth wurde einmal mehr bewusst, welch behütetes, privilegiertes Leben sie trotz allem führte. „Vielleicht geht es uns", so äußerte sie gegenüber ihrer Erzieherin Crawfie an den Weihnachtstagen, „zu gut. Ich muss an all diese Matrosen denken und wie es Weihnachten bei ihnen zu Haus wohl sein mag."[2]

Im kommenden Frühjahr überrannten die Armeen Hitlers innerhalb weniger Wochen nicht nur Norwegen, Dänemark, die Niederlande und Belgien, sondern zerschlugen auch die als besten Schutz Englands mit Vorschusslorbeeren bedachte französische Armee. Schon am Beginn des Desasters war es in London zu einer einschneidenden Veränderung gekommen. Neville Chamberlain, der nicht mehr das Vertrauen des Parlaments besaß, trat vom Amt des Premierministers zurück. Der König berief auf Empfehlung der sich in einer großen Koalition zusammenfindenden Parteien den Ersten Lord der Admiralität, Winston Churchill. Es war, wie sich zeigen sollte, eine historische Stunde. Churchill, den man im Laufe seiner langen politischen Laufbahn bereits wiederholt abgeschrieben hatte, feuerte das Land zum Widerstand gegen die scheinbar unaufhaltsame deutsche Kriegsmaschinerie an.

Bei George VI. und seiner Familie herrschte zunächst Besorgnis ob dieser einschneidenden Veränderung an der Spitze der Regierung. Chamberlain (der überdies von schwerer Krankheit gezeichnet war und binnen weniger Monate starb) war bei Hofe ein hoch geschätzter Mann gewesen. Bei Churchill dachten George VI. und seine Frau nicht nur an eine höchst wechselvolle Karriere, zu der mehrfache Übertritte von einer Partei zur anderen und das wenig glorreiche Ausscheiden aus der Admiralität im Ersten Weltkrieg nach der Katastrophe bei den Dardanellen gehörten. Sie erinnerten sich vor allem daran, dass er nur gut drei Jahre zuvor zu den wenigen Fürsprechern eines Königs Edward VIII. mit einer Königin Wallis gehört hatte. Dergleichen Ressentiments wurden bald von der Wirklichkeit hinweggefegt. Der bullige Mann mit der Zigarre zeigte gegenüber dem König und seiner Familie eine untadelige Loyalität. In dem gigantischen Ringen wurde er nicht nur zu einem Glücksfall für Großbritannien, sondern in letzter Konsequenz auch für den Fortbestand oder vielmehr die Wiedergeburt von Freiheit und Demokratie in Europa.

Wenige Wochen später sah sich England in höchster Gefahr. Nach der Niederlage Frankreichs standen die Truppen Hitlers buchstäblich in Sichtweite Englands. Wie schon mehrfach in seiner Geschichte, erwies sich der Ärmelkanal als der naturgegebene Schutz des Landes. In Zeiten des modernen Krieges wäre er jedoch, anders als in den Tagen Ludwigs XIV. und Napoleons, kein unüberwindbares Hindernis mehr gewesen. Es war in jenem schwül-heißen Sommer des Jahres 1940 der Royal Navy und vor allem der Royal Air Force zu verdanken, dass England das Schicksal der meisten übrigen Länder Europas erspart blieb und keine Hakenkreuzfahnen vom Tower oder am Trafalgar Square wehten. Die Jagdflieger behielten die Luftüberlegenheit und verhinderten letztlich die Invasion – was der eloquente Churchill in die unsterblichen Worte kleiden sollte: „Niemals in der Geschichte menschlicher Konflikte haben so viele so wenigen so viel zu verdanken gehabt."

Elizabeth und Margaret waren zwar in Windsor und bei Aufenthalten an geheim gehaltenen Orten auf dem Lande vor den deutschen Bombenangriffen weitgehend geschützt, sorgten sich jedoch stets um die in London verbliebenen Eltern. Und dies aus gutem Grund: Am 9. September 1940 traf eine Bombe den Buckingham Palace, als sich der König dort aufhielt. Sie detonierte glücklicherweise erst einige Stunden später, nachdem George VI. das Gebäude bereits verlassen hatte. Trotz dieser Gefahr weigerte sich das Königspaar, die Hauptstadt zu verlassen. Von Elizabeths Mutter ist nach dem Bombentreffer die legendäre Aussage überliefert, dass man jetzt dem East End, einem besonders stark von den Bombardierungen in Mitleidenschaft gezogenem Viertel, endlich ins Gesicht schauen könne. Genau dies taten der König und seine Frau mit nicht erlahmender Anteilnahme: Sie besuchten die ausgebombte Bevölkerung, waren für die Menschen, die aus den Luftschutzkellern hervorkamen, sicht- und ansprechbar. Das ruhige Selbstvertrauen, das die beiden ausstrahlten, übertrug sich auf die Londoner. Das den Selbstbehauptungswillen eines ganzen Landes symbolisierende Paar erfreute sich einer Beliebtheit – man möchte fast sagen: Volkstümlichkeit – wie nur wenige Monarchen vor ihm. In diesen dunklen Stunden der Luftschlacht um England, des „Blitz", sammelte die britische Monarchie einen Vertrauensvorschuss an, von dem die künftige Königin, Queen Elizabeth II., später immer wieder zehren konnte.

Die beiden Prinzessinnen waren während der Phase der deutschen Bombenangriffe zwar geschützt, aber nicht unsichtbar. Die während des Krieges unter staatlicher Kontrolle stehende Presse wusste um den Wert der beiden Mädchen als Sympathieträgerinnen in schwerer Zeit, als nationale Identifikationsfiguren. Die Zeitungen berichteten regelmäßig über den Alltag der königlichen Hoheiten in dieser Epoche nationaler Kraftanstrengung, wenngleich die Fotos immer so retuschiert wurden, dass keine Rückschlüsse auf den Aufenthaltsort gezogen werden konnten. Der Gedanke, Elizabeth und Margaret nach Kanada in Sicherheit zu bringen, wurde diskutiert, aber aus den gleichen Gründen verworfen, die das Königspaar bewogen, in London zu bleiben – auch die Mädchen sollten durch ihr Ausharren in der bedrohten Heimat ein Beispiel geben und mithelfen, die Moral der Bevölkerung aufrechtzuerhalten.

Prinzessin Elizabeth als Sympathieträgerin

Eine deutliche politisch-propagandistische Komponente enthielt der erste, mehr oder weniger eigenständige öffentliche Auftritt von Prinzessin Elizabeth am 13. Oktober 1940 – ihre erste Rundfunkansprache. Die Rede, die die Vierzehnjährige vom Manuskript ablas und in das Mikrofon der BBC hineinsprach, wurde nach Amerika übertragen und richtete sich formell an die Kinder Großbritanniens, die nach Kanada oder in die USA verschifft worden waren, um sie vor dem Bombenkrieg in Sicherheit zu bringen: „Zu Tausenden habt ihr in diesem Land das Heim verlassen müssen und seid von Eurem Vater und Eurer Mutter getrennt. Meine Schwester Margaret Rose und ich fühlen so sehr mit Euch, denn wir wissen, was es bedeutet, wenn man von denjenigen getrennt ist, die man liebt."[3]

Die Rede, die über Kurzwellensender auch in andere Kontinente übertragen und im ganzen Empire gehört wurde, hatte jedoch noch einen anderen Adressaten als die minderjährigen, vorübergehend überseeischen Untertanen: die öffentliche Meinung in den USA. Die Regierung in London hoffte nicht zu Unrecht, die mit hoher, zarter Stimme vorgetragenen Worte der Prinzessin könnten dazu beitragen, die Stimmung in den Vereinigten Staaten, in denen sich Interventionisten (die für ein Eingreifen zu Gunsten Englands waren) und Isolationisten (nach deren Ansicht der Krieg in Europa die USA nichts anging) in probritischem Sinn zu beeinflussen. Bemerkenswerterweise war zwei Jahre zuvor, in Friedenszeiten, der Vorschlag einer amerikanischen Verlegerin, die Prinzessin über Kurzwelle zu den Menschen und besonders zu den Kindern in den USA sprechen zu lassen, vom Hof mit dem naserümpfenden Hinweis beschieden worden, so etwas sei nicht üblich. Jetzt, wo es der Kriegsanstrengung diente, war der Einsatz der Prinzessin hoch willkommen.

Das Kalkül ging auf. Die amerikanische Öffentlichkeit war höchst angetan von der Worten der jungen Dame, was durchaus als Kurswechsel in der Einstellung gegenüber der Monarchie im einstigen Mutterland angesehen werden konnte. Viele

Amerikaner vermuteten nämlich, die erzwungene Abdankung Edwards VIII. habe ihren Ursprung nicht im Familienstand, sondern in der Nationalität von Wallis Simpson, dem *Baltimore Girl*, gehabt und sahen die Ereignisse vom Dezember 1936 auch als eine im Prinzip antiamerikanische Ranküne. Prinzessin Elizabeth jedoch wirkte als Sympathieträgerin. „Die Prinzessin war gestern hier ein Riesenerfolg", kommentierte der Amerika-Korrespondent der BBC, „einige Sender berichten, dass ihre Telefonleitungen von den Anfragen nach einer wiederholten Ausstrahlung überlastet sind."[4]

Elizabeth wurde nun häufiger von ihren Eltern in die offiziellen Pflichten mit eingebunden. Zu diesen gehörte der Empfang von Staatsgästen, eine Gelegenheit für die Prinzessin, Bekanntschaften über die Grenzen des Empires hinweg zu schließen. Eine aufmerksame Beobachterin der zunehmend fraulicher wirkenden Prinzessin war Eleanore Roosevelt, die im Dienste ihres Mannes, des an den Rollstuhl gefesselten US-Präsidenten Franklin D. Roosevelt, immer wieder mit quasidiplomatischen Erkundungen betraut wurde. Der First Lady imponierte die künftige englische Königin als „ziemlich ernst und mit einem ausgeprägten Charakter einer Persönlichkeit. Sie stellte mir eine Reihe von Fragen über das Leben in den Vereinigten Staaten und es waren sehr tief gehende Fragen."[5]

Eine traditionelle Aufgabe des Thronfolgers oder der Thronfolgerin war die Demonstration enger Verbundenheit mit den Streitkräften, der in diesen Zeiten des Krieges eine besondere Bedeutung zukam. Elizabeth wurde an ihrem 16. Geburtstag zum Oberst der *Grenadier Guards* ernannt. Sie wurde in dieser Position Nachfolgerin des jüngst verstorbenen Duke of Connaught, dem letzten überlebenden Sohn von Queen Victoria – jener längst legendären Königin, mit der aufmerksame Beobachter Elizabeth immer häufiger verglichen, da das junge Mädchen in all seiner Ernsthaftigkeit und seiner Distanziertheit aus dem gleichen Holze geschnitzt zu sein schien.

Als reserviert, aber charmant beschrieb sie auch einer der Offiziere des Regimentes, das in Windsor zum Schutz der Prinzessinnen stationiert war, ihre Schwester Margaret war nach wie vor wesentlich extrovertierter. Der König unterrichtete Elizabeth immer häufiger über Staatsangelegenheiten und zog sie ins Vertrauen, zu Margaret hingegen hatte er ein von solchen Formalien freies, völlig entspanntes Verhältnis. Er schien selbst überrascht zu sein, dass ihm, einem scheuen und introvertierten Mann, eine solch temperamentvolle, auf die Menschen zugehende Tochter beschert worden war. Von den beiden Mädchen nahm bei öffentlichen Anlässen meist Margaret mit ihrer fröhlichen, oft burschikosen Art das Publikum gefangen. Elizabeth, die in Gesellschaft höchst ungern die Initiative ergriff, war dies durchaus recht.

Das Verhältnis der beiden Schwestern zueinander war zu jener Zeit noch völlig ungetrübt, auch wenn die Tendenz bereits absehbar war, dass Elizabeth auf Grund ihres Alters, ihrer Stellung und ihrer wesentlich gefestigteren Persönlichkeit ihre vier Jahre jüngere Schwester dominieren würde. Noch jedenfalls hatten sie eine Menge Spaß zusammen und genossen vor allem die gemeinsamen Bühnenauftritte, die zum festen Repertoire der Weihnachtsfeiern im Hause Windsor gehörten. Die Pantomimen waren stets ein großer Erfolg und fanden vor dem erweiterten Hof statt. Zu den Zuschauern zählten auch die Offiziere des Wachregimentes und Besucher, die die Festtage im Umfeld des Hofes verbringen durften. Bei der Aufführung der Prinzessinnen zu Weihnachten 1943 saß ein von Elizabeth besonders gern gesehener Gast in der vorderen Reihe: Prinz Philip. Der junge Mann hatte sich als fähiger Marineoffizier erwiesen, war von seinen Vorgesetzten wiederholt lobend hervorgehoben worden und diente zunächst bei der Mittelmeerflotte, später dann im Fernen Osten. Selbst die *Times* hielt Philips Anwesenheit bei der Familienfeier für berichtenswert. Unter Hofbeobachtern machten erste Gerüchte die Runde, dass Elizabeth ein Auge auf den jungen Mann geworfen habe – und umgekehrt er auf sie. Bald jedenfalls tauchte auf der Prinzessin Schreibtisch das Bild Philips auf – und sollte von dort nie wieder verschwinden.

Elizabeth wird „eingezogen"

Der Krieg war in England nicht nur Männersache. Viele Frauen waren tätig in diversen Versorgungs-, Sanitäts- und sonstigen Einheiten, die überwiegend in der Heimat und somit fern der Front eingesetzt wurden. Auch die Thronfolgerin wollte in einem solchen Hilfskorps dienen, ein Wunsch, der nicht nur vom König kam, sondern ebenso ihren eigenen Vorstellungen entsprach. Realität wurde er allerdings erst, als die Gefahr, die mit einem Engagement beim Militär verbunden sein mochte, denkbar gering war. Ihre „Einberufung" kam im März 1945, als der Krieg gegen Nazi-Deutschland praktisch gewonnen war. Der Eintritt Elizabeths in den *Auxiliary Territorial Service* markiert ein Novum, war es doch das erste Mal, dass eine königliche Prinzessin mit Menschen aus anderen Bevölkerungsschichten in formell gleicher dienstlicher Funktion zusammenkam. Auch für Elizabeth war es ein Ereignis von besonderer Bedeutung, und sie hatte durchaus so etwas wie Lampenfieber wegen dieser Premiere. Doch selbst der Militärdienst vermittelte ihr keine echte Lektion in Sachen Volkstümlichkeit. Sie hatte privat nur wenig Kontakt zu den elf anderen jungen Frauen in ihrer Einheit, schon deshalb, weil sie die Nächte nicht in der Frauenkaserne, sondern daheim auf Windsor Castle verbrachte. Immerhin, so vertraute eines der Mädchen ihrem Tagebuch an, habe die Prinzessin ein äußerst charmantes Lächeln, wunderschöne grau-blaue Auge und sie verwende sogar Lippenstift.

Elizabeth fand an der Ausbildung Gefallen und erwies sich als talentierte Mechanikerin. Vor allem ihre weithin unbestrittene Meisterschaft als Fahrerin hatte hier ihre Wurzeln. Noch fünfzig Jahre später dachte die Queen gern an ihre Zeit in Uniform zurück. Es war ein Stückchen Freiheit inmitten von Gleichaltrigen, geschätzt von einer jungen Frau, der bislang nicht allzu viel davon beschieden war: „Ich habe niemals in meinem Leben so hart gearbeitet. Alles war vollkommen neu für mich – all die Besonderheiten im Inneren eines Autos und die Geheimnisse des Kartenlesens. Aber ich habe es sehr genossen und empfand es als großartige Erfahrung."[6]

Bald darauf war der Krieg zu Ende. Der *VE Day* (VE = Victory in Europe) war ein Tag nationalen Jubels und der Ekstase, den weder Elizabeth noch ihre Zeitgenossen, die ihn miterlebten, je vergessen konnten. In London wurde er von einer mehrere Hundertausende umfassenden Menschenmenge gefeiert, die dabei eine Leidenschaft an den Tag legte, die wenig zu der angeblichen britischen Reserviertheit passte. Vor dem Buckingham Palace, dem Kristallisationspunkt patriotischer Begeisterung, riefen die Menschen immer wieder: *We want the King! We want the King!* Dieser kam dem Verlangen schließlich nach und erschien mit seiner Frau und den beiden Töchtern (Elizabeth in Uniform) auf dem Balkon, was wahre Begeisterungsstürme auslöste. Genau fünfzig Jahre später stand Queen Elizabeth II. in Reminiszenz an das Ende des Krieges vor einer abermals begeisterten Menge, an ihrer Seite die damals 95-jährige *Queen Mum*.

Der König, in seiner bescheidenen, aber integren Art zum Symbol des nationalen Selbstbehauptungswillens geworden, winkte jovial. Elizabeth aber machte etwas ganz und gar Unerhörtes: Zusammen mit Margaret schlich sie sich aus dem Palast und mischte sich unter die feiernde Menge. Niemand erkannte sie. Einen warmen Frühlingsabend lang war sie eine von vielen Engländerinnen, ohne Protokoll, ohne Aufsicht. Es war ein Ereignis, das ihr in ihrem Leben nicht mehr beschieden sein sollte.

Anmerkungen

1 Siehe im Internet: www.royal.gov.uk/history/commonw.htm
2 Zit. n. Bradford, S. 89.
3 Zit. n. Pimlott, S. 59.
4 Ebd., S. 60.
5 Zit. n. Bradford, S. 98
6 Zit. n. Bradford, S. 108.

Zwei Eide

Wenn König George VI. seine ältere Tochter betrachtete, so wurde er von Stolz, aber auch von Wehmut erfüllt. Elizabeth war zu einer außergewöhnlich schönen jungen Frau herangewachsen, mit schulterlangem, fast schwarzem Haar, ausdrucksstarken dunklen Augen und einer sportlichen, doch dabei ausgeprägt femininen Figur. Sie zeigte großes Interesse für die Staatsgeschäfte – oder vielmehr jenen Teil derselben, der in einer parlamentarischen Monarchie dem König zukam – und hatte sich als äußerst lernfähig und lernwillig erwiesen. Auf ausländische Staatsgäste wie inländische Würdenträger machte sie einen hervorragenden Eindruck, sodass sich George sicher sein konnte, dass seine Tochter für die ihrer einst harrenden repräsentativen Aufgaben bestens vorbereitet war. In der Öffentlichkeit zeigte Elizabeth sich meist etwas reserviert, doch privat, außerhalb der Blitzlichter der Fotografen konnte ihr herzliches Lachen geradezu verzaubern – noch mehr als ein halbes Jahrhundert später verblüfft die Königin selbst ihr engeres Umfeld immer wieder mit ihrem ausgeprägten Sinn für Humor.

Reise nach Südafrika

Bei allem Stolz auf seine Tochter war sich George VI. aber auch bewusst, dass die Tage des *us four*, der innig verbundenen Familie, die ihm, dem König wider Willen, so viel Kraft gegeben hatte, gezählt waren. Elizabeths Liebe zu Prinz Philip war längst ein unerschütterlicher Bestandteil ihres Lebens geworden. Bevor an die Hochzeit gedacht werden musste, wollte der König noch ein letztes Mal bei einem großen Ereignis mit

54

seiner Frau und seinen beiden Töchtern zusammen sein. Obwohl gesundheitlich bereits angeschlagen, sehnte er den seit langem geplanten Staatsbesuch in Südafrika herbei. Bei aller Vorfreude hatte der König aber stets ein waches Gespür für die Stimmung in der Bevölkerung. Sei es, so fragte er die Regierung, opportun, wenn die Familie eine derart ausgedehnte Reise unternehme, während England in diesem Winter 1947, einem der härtesten seit Menschengedenken, mit einer schweren Wirtschaftskrise zu kämpfen habe?

Das Land war vom Krieg ausgeblutet, nach wie vor herrschte Lebensmittelrationierung, und die Arbeitslosigkeit hatte neue Höhen erklommen, nachdem Hunderttausende junger, meist unausgebildeter Männer aus den Streitkräften entlassen worden waren. Die Labour-Regierung unter Premierminister Clement Attlee, der Churchill praktisch mit dem Kriegsende in *Downing Street No. 10* abgelöst hatte, signalisierte jedoch Zustimmung. Nicht nur würden die Menschen die Notwendigkeit des Besuches bei den geografisch so fernen Mitgliedern der Familie des Commonwealth verstehen, Bilder von der Reise würden darüber hinaus als willkommene Abwechslung in einem grauen Alltag angesehen werden. Und die britische Realität war nicht nur innenpolitisch trübe. Das Empire, das auf der Höhe seiner Macht fast ein Viertel der Menschheit umfasst hatte, zeigte deutliche Auflösungserscheinungen. In diesem Jahr 1947 löste sich das schimmerndste Juwel aus der Krone: Indien. Der Subkontinent erlangte mit der Gründung der beiden souveränen Staaten Indien und Pakistan seine Unabhängigkeit. Fortan würde das erstmals Queen Victoria verliehene „I" für Imperatrix aus dem Monogramm der englischen Monarchen verschwinden.

Die auf vier Monate angelegte Reise auf die Südhalbkugel hatte auch eine private Komponente. Die Verbindung Elizabeths zu Philip wurde von Hofbeobachtern inzwischen als so fest angesehen, dass weithin beinahe täglich mit der offiziellen Verlobung gerechnet wurde. Eine viermonatige Trennung des Paares konnte folglich als eine Art Prüfung dafür dienen, ob die Zuneigung tief genug war. Unzweifelhaft wünschten nicht wenige Angehörige der britischen Hocharistokratie sehnlichst, dass aus einer Heirat Elizabeths und Philips nichts würde. Deutlicher als nur hinter vorgehaltener Hand verdammte man das Übermaß deutschen Erbgutes im potenziellen Ehegatten der künftigen englischen Königin und nannte ihn verächtlich „Charlie Kraut". Einer der boshaftesten Widersacher Philips war der Bruder der Königin, David Bowes-Lyon, der nichts unversucht ließ, sie dazu zu bringen, die Verbindung zu verhindern. Ob die Königin, nach den Kriegserfahrungen alles anderes als eine Freundin der Deutschen, diesen Einflüsterungen folgte, ist unbekannt. Vermutlich waren die Liebe zu ihrer Tochter und der Respekt vor deren Entscheidung größer als die eigenen Vorurteile. Positiv für Philip wirkte sich sicherlich auch aus, dass er seine Schwiegermutter stets mit ausgesuchter Höflichkeit behandelte. Bis heute ist sie vermutlich die einzige Person innerhalb der engeren Familie, die niemals einen seiner gefürchteten Temperamentsausbrüche zu spüren bekam.

Das Transportmittel auf der großen Reise war fast ein ebensolcher Anachronismus wie das britische Empire selbst. Die *HMS Vanguard* war das neueste Schlachtschiff der britischen Marine – doch Schlachtschiffe waren längst obsolet geworden. So diente der stählerne Riese als eine Art schwer bewaffneter Überseedampfer, der am 1. Februar 1947 bei eisigem Wind aus dem Hafen von Portsmouth auslief. Für Elizabeth war es ein einschneidender Moment, der ihr durchaus freudiges Herzklopfen bereitete: Zum ersten Mal verließ sie die britischen Inseln und besuchte zudem auf ihrer Auslandsreise auch noch eine Region, die im Zeitalter vor der Einführung des Passagierjets selbst wohlhabenden Briten unerreichbar fern schien. Bei der königlichen Familie kam Urlaubsstimmung auf, als das Schiff sich dem Äquator näherte und die Temperaturen allmählich tropisch wurden. Elizabeth genoss die Seefahrerromantik, die warmen Abende an Deck und auch die Aufmerksamkeiten der jungen Offiziere. Ein Filmstreifen von einem sonnenüberfluteten Nachmittag auf dem Deck stellt das ultimative Dokument einer unbeschwerten Jugend dar: Elizabeth und Margaret, in leichte, bunt gemusterte Sommerkleider gewandet, spielen mit den in attraktive Tropenuniformen gekleideten Offizieren ein zwangloses Kinderspiel, tollen über das Deck und lassen für einige Zeit jeden Standesunterschied vergessen. Die jungen Männer ihrerseits erfreuen sich an der Ausgelassenheit der beiden ungewöhnlich attraktiven Frauen sichtbar, ohne jedoch für einen Moment zu vergessen, mit wem sie es zu tun haben.

Für George war das Zusammensein mit seinen beiden Töchtern ein Gesundbrunnen, der ihn die triste Situation in der Heimat vergessen ließ. Weniger gefreut hätte ihn, wenn er von dem erfahren hätte, was sich auf den Wogen unter südlicher Sonne anbahnte: Zur Entourage des Königs und seiner Familie gehörte ein mehrfach ausgezeichneter Jagdflieger der Royal Air Force aus der schon damals beinahe legendären *Battle of Britain*, der Luftschlacht um England. Es war Group Captain Peter Townsend. Prinzessin Margaret stand am Beginn der großen und tragischen Liebe ihres Lebens.

Elizabeth war fasziniert vom Leben im südlichen Afrika und von den Menschen. Es war der Beginn einer lebenslangen Zuneigung. Sie sah es stets als eine ihre vornehmsten Aufgaben als Königin an, die Bande zwischen Großbritannien und seinen einstigen Kolonien, die im Verbund des Commonwealth zusammengefasst waren, zu stärken und geriet wiederholt mit denjenigen ihrer Premierminister in Konflikt, die, wie Margaret Thatcher, dieser relativ lockeren Völkerfamilie weniger Interesse entgegenbrachten. Zu denjenigen politischen Entwicklungen, die Elizabeth im Laufe ihres langen Lebens auf dem Thron am meisten belasteten, gehörte die sich 1947 bereits in Ansätzen abzeichnende Apartheidspolitik Südafrikas, die später zum Bruch des Landes mit Großbritannien (und fast der gesamten übrigen Welt) führte. Es war das Land am Kap, das den politischen und geografischen Horizont der künftigen Königin stärker erweiterte, als es jeder noch so kompetente Unterricht in Eton vermocht hätte.

Die Rundreise, die neben der späteren Republik Südafrika andere britische Kolonien wie Rhodesien (das heutige Zimbabwe) einschloss, war eine scheinbar endlose Abfolge vom Empfängen, Besichtigungen, folkloristischen Aufführungen und dem einen oder anderen Krickettspiel. Auch fern der Heimat brauchte Elizabeth nicht auf ihr größtes Hobby zu verzichten. Um die Reitleidenschaft der Prinzessin wissend, stellte man ihr in Kapstadt Pferde zur Verfügung, auf denen sie zusammen mit Margaret in atemberaubenden Tempo den traumhaften Strand am südlichsten Zipfel des Kontinentes entlanggaloppierte.

Elizabeths 21. Geburtstag

In Kapstadt feierte Elizabeth ihren 21. Geburtstag und erreichte damit die Volljährigkeit. Sie beging diesen Tag mit einer in alle Teile des Empire ausgestrahlten Rundfunkansprache, deren Verlesung außerdem gefilmt und binnen kurzem in allen britischen Kinos gezeigt wurde. Es war eine Art Schwur, den Elizabeth ablegte, in weiten Teilen zwar von Sir Alan Lascalles, einem der Berater des Königs geschrieben, doch mit einer Wortwahl, der ihrem Denken vollständig entsprach: „An meinem 21. Geburtstag freue ich mich über die Gelegenheit, mich an alle Völker des Britischen Commonwealth und des Empire, wo immer sie leben, welcher Rasse sie auch angehören, welche Sprache sie sprechen, wenden zu können. Lassen Sie mich damit beginnen, jenen Tausenden von Menschen Dank zu sagen, die mir Glückwünsche gesandt haben. Dies ist ein glücklicher Tag für mich, aber auch einer, der zu ernsten Gedanken Anlass gibt, Gedanken über das vor mir liegende Leben mit seinen Herausforderungen und mit all seinen Chancen. In solch einer Zeit ist es eine große Hilfe, wenn man weiss, dass viele Freunde überall auf der Welt an mich denken und mir Glück wünschen. Ich bin dankbar und tief gerührt.

Wenn ich heute von Kapstadt zu Ihnen spreche, bin ich 6000 Meilen von dem Land entfernt, in dem ich geboren wurde. Aber ich bin ganz sicher nicht 6000 Meilen von zu Hause entfernt. Wohin immer ich in diesen wunderschönen Landschaften von Südafrika und Rhodesien gereist bin, meine Eltern, meine Schwester und ich sind von den Menschen mit offenen Herzen aufgenommen worden, sie haben uns das Gefühl daheim zu sein vermittelt, als hätten wir unser ganzes Leben bei ihnen verbracht. Dies ist das große Privileg, wenn man seinen Platz im weltumspannenden Commonwealth hat – es gibt Häuser auf allen Kontinenten, wo man uns willkommen heisst. Ich hoffe, viele von ihnen zu besuchen, bevor ich alt werde.

Auch wenn es keinen Untertanen meines Vaters vom Ältesten bis zum Jüngsten gibt, den ich nicht grüßen möchte, so denke ich doch heute ganz besonders an die jungen Männer und die jungen Frauen, die ungefähr zur gleichen Zeit wie ich geboren wurden und die wie ich in dieser schrecklichen und glorreichen Zeit des Krieges aufgewachsen sind. Würden Sie, die Jugend der britischen Familie der Nationen, mich an meinem Geburtstag als Ihre Repräsentantin sprechen lassen? Nun, da wir alle in das Erwachsenenalter eintreten, ist es gewiss eine große Freude, einige der Lasten von den Schultern unserer Eltern zu nehmen, die gekämpft, gearbeitet und gelitten haben, um unsere Kindheit zu schützen." Die Rede Elizabeths gipfelte in einem Schwur: „Ich möchte folgende Verpflichtung eingehen. Sie ist sehr einfach. Ich erkläre vor Ihnen allen, dass mein ganzes Leben, sei es kurz oder lang, dem Dienst an Ihnen und an der großen Familie des Empire, dem wir alle angehören, gewidmet sei. Aber ich werde nicht die Kraft haben, diese Aufgabe allein auszuführen, wenn Sie mich nicht unterstützen worum ich Sie nun bitte. Ich weiß, dass ich mich, komme was wolle, darauf verlassen kann. Gott helfe mir, dass ich diesen Eid werde einhalten können, und Gott schütze Sie alle, die willens sind, mir beizustehen."[1] Queen Elizabeth II. hat den Schwur von Kapstadt nie gebrochen.

Ein Prinz mit „falschen Vorfahren"

Das Echo in der Heimat war überwältigend. Sowohl Politiker aller Coleur als auch die alles andere als harmlose britische Presse lobten die Prinzessin in höchsten Tönen. Die *Times* würdigte die ernsthafte junge Frau als einen Spiegel, in dem man seine eigenen Ideale erkannte. Die Sympathien, die sich

Elizabeth erworben hatte, trugen zu einer Festigung der Monarchie bei und dies in einer Zeit, da sozialistische Tendenzen in Großbritannien allenthalben auf dem Vormarsch schienen.

Das hohe Ansehen Elizabeths in der Bevölkerung dürfte auch ein Faktor dafür gewesen sein, dass sich in der Öffentlichkeit nur wenig Widerstand oder Kritik gegen ihre Verbindung zu Prince Philip regte, die mit der Ankündigung der Verlobung am 8.Juli 1947 offiziell wurde. Im Dunstkreis des Hofes waren für das junge Paar wesentlich gefährlichere Klippen zu umschiffen gewesen. Elizabeths Sekretär vermerkte sibyllinisch, dass Philips Kritikern letztlich der Erfolg versagt geblieben war, „... ob es daran lag, dass der sonst so gesunde Menschenverstand, wie diese meinten, die Königin verlassen habe oder weil Prinzessin Elizabeth so verliebt ist, dass sie ihrer Eltern Aversion gegen die Verbindung überwinden konnte, weiß ich nicht zu sagen".[2]

Philip jedenfalls bekam zu spüren, dass die Jahre in der Royal Navy und die Teilnahme an Seegefechten unter britischer Flagge in den Augen mancher Höflinge wenig bedeuteten, wenn man mit den „falschen Vorfahren" gesegnet war und außerdem noch über Schwestern verfügte, die allesamt nach Deutschland geheiratet hatten. Die wichtigste Stütze des jungen Mannes war sein Onkel Louis Mountbatten, ein agiler und hoch begabter Taktiker, der genau erkannte, welch großartige Perspektiven sich seinem Neffen an der Seite der künftigen britischen Königin boten. Allerdings vergaß Mountbatten auch die eigene Position nie ganz. Durch die Heirat Philips mit Elizabeth war er dem Thron selbst recht nahe gekommen, eine Nähe, die er später noch etwas zu vertiefen suchte, als er seine Enkeltochter als potenzielle Kandidatin für eine Ehe mit Prince Charles ins Gespräch zu bringen suchte.

Für Philip war – nach allem, was man weiß – der Karrieregedanke bei der bevorstehenden Verbindung nebensächlich. Er war in Elizabeth verliebt, auch wenn seine Art, dies zu zeigen, etwas zurückhaltender war als bei der Prinzessin, die aus ihrer Leidenschaft für ihn keinen Hehl machte. Anders als Elizabeth hatte Philip offenbar Erfahrungen mit dem anderen

Geschlecht gemacht, wussten doch seine Marinekameraden von der einen oder anderen Affäre zu berichten. Etwas Ernsthaftes scheint indes nicht dabei gewesen zu sein. Das verschiedentlich angedeutete Motiv, der staaten- und mittellose Exil-Aristokrat wolle seine eigene Zukunft mit der Heirat sichern, entbehrt jedweder Grundlage. Philip hätte eine respektable Karriere bei der Royal Navy vor sich gehabt und die Einnahme einer Position, die einen aktiven Mann permanent ins zweite Glied und in den Schatten seiner Frau versetzt, dürfte für ihn keine besonders reizvolle Perspektive gewesen sein. Es bedurfte daher von seiner Seite mehr als nur Zuneigung, um den ihm vorgesehenen Platz ertragen zu können.

Neben den teils offen ausgetragenen Antipathien, denen sich der künftige Bräutigam ausgesetzt sah, musste er auch noch einige formelle Hindernisse überwinden. Dazu gehörte zunächst die Frage der Staatsangehörigkeit. Nach ausgedehntem Aktenstudium fand sich kein Grund, ihm die britische Staatsangehörigkeit zu verweigern – merkwürdigerweise scheint sich niemand diese Frage bei seinem Eintritt in die Royal Navy gestellt zu haben. Auch einen neuen – britisch klingenderen – Namen brauchte der junge Mann: Onkel Louis trug Sorge, dass aus „Philip von Griechenland" ein „Lieutenant Philip Mountbatten" wurde. Doch dieser Name, den der Hof in der Verlobungsanzeige gebrauchte, wurde bald geändert. Mit dem Tag der Hochzeit erhielt Philip den Titel *His Royal Highness, The Duke of Edinburgh.*

Eine Märchenhochzeit

Die Hochzeit fand am 20. November 1947 statt und war, wie Winston Churchill es nannte, ein Sonnenstrahl auf dem düsteren, von Streiks, Mangelwirtschaft und Rezession geprägten Weg, den Großbritannien in diesen Jahren gehen musste. In der Tat war die Hochzeit ein Ereignis wie aus einem Märchen und wurde von den Krisen geplagten Menschen als ein Tag der Erholung und des Innehaltens, als kurzer Blick auf eine vermeintlich bessere Welt empfunden. Das sah die Labour-Regierung genauso, die sowohl die Feierlichkeiten wie das junge Paar mit Mitteln aus dem Finanzministerium recht großzügig unterstützte.

Gekrönte Häupter aus aller Welt strömten an diesem Herbsttag nach London und kamen dort, wie es ein Beobachter nannte, zum größten Treffen der europäischen Monarchen des 20. Jahrhunderts zusammen. Tausende von Briten säumten an diesem kalten Tag die Straßen und winkten der Kutsche zu, die eine strahlend schöne Elizabeth an der Seite eines stolzen, gleichwohl etwas melancholischen Königs zur Westminster Abbey brachte. Die ehrwürdige Kirche war so überfüllt, dass nicht einmal sämtlichen Mitgliedern des Unterhauses – sehr zum Ärger der Parlamentarier – Einlass gewährt werden konnte. Der Erzbischof von York wies in seiner Ansprache darauf hin, dass niemals zuvor ein solchen Ereignis von so vielen Menschen verfolgt worden sei und dass es dennoch nach Jahrhunderten alten Regeln ablaufe. Der Gottesdienst wurde per Radio in die ganze Welt übertragen – die Feier in der Westminster Abbey war das letzte Großereignis in Elizabeths Leben, bei dem sie keine Fernsehkameras auf Schritt und Tritt verfolgten.

Die Zeitzeugen fanden ausschließlich Worte des Überschwangs für das junge Paar. Elizabeth in ihrem unprätentiösen, doch eleganten Seidenkleid mit der mehrere Meter langen Schleppe erschien wie eine Märchenprinzessin. Fast genau so wohlwollend waren die Kommentare über Philip in seiner britischen Marineuniform, deren Anblick keinerlei Zweifel mehr am Patriotismus des jungen Mannes aufkommen ließ – und der keine Gelegenheit hatte, selbige überhaupt zu nähren, seine deutsche Verwandtschaft hatte man kurzerhand gar nicht eingeladen.

Als das Paar die Kirche verließ, machte Philip eine tiefe Verbeugung und Elizabeth einen leichten Hofknicks vor König George VI. und Königin Elizabeth. In einer Kutsche ging es dann zurück zum Buckingham Palace, vorbei an jubelnden Menschen, die die Bedrückungen des Alltags vollständig vergessen hatten. Erst als sich die Kutsche dem Palast näherte, kam das neue, noch ungewohnte Medium ins Spiel, das einst in Symbiose mit den Zeitungen jeden Fauxpas aus dem Umfeld der königlichen Familie, jedes Anzeichen einer Krise begierig aufgreifen sollte: das Fernsehen. Eine noch recht unförmig aussehende Kamera übertrug das Vorfahren der Kutsche in die wenigen hundert Wohnzimmer, deren Bewohner sich ein Fernsehgerät leisten konnten, und in die Elektrogeschäfte, an deren Schaufenster sich überall im Lande die Neugierigen die Nasen platt drückten. Die Filmaufnahmen von der königlichen Hochzeit wurden per Luftpost an Lichtspielhäuser in aller Welt versandt. Im kriegszerstörten und von Großbritannien mitverwalteten Berlin wurde der Streifen in einem viertausend Besucher fassenden Kino an sieben Tagen in der Woche gezeigt – vor stets ausverkauftem Haus.

Im Buckingham Palace fand ein traditionelles Hochzeitsfrühstück für 150 geladene Gäste statt – die Auswahl derer, denen diese Ehre zuteil wurde und, mehr noch, der vielen, die nicht anwesend sein durften, war eines der schwierigsten Probleme gewesen, das der Hofstaat im Vorfeld hatte lösen müssen. Das Paar verbrachte seine Flitterwochen zu gleichen Teilen auf dem Landsitz Lord Mountbattens und auf einem kleinen Schlösschen bei Balmoral in Schottland – ein Boulevardblatt argwöhnte, dass Mountbatten, der letzte königliche Gouverneur in Indien, nur deshalb eine Genehmigung für den Umbau seines Anwesens bekommen hatte, weil bekannt wurde, dass die künftige Königin einen unvergesslichen Abschnitt ihres Lebens sonst unter einem reparaturanfälligen, leicht durchnässenden Dach hätte verbringen müssen.

Dass auf allen Stationen ihrer Reise Fotografen hinter Absperrungen und Bäumen lauerten, war ein erstes Warnsignal, welches der Prinzessin und ihrem Mann deutlich machte, womit sie von nun an rechnen mussten. Nicht zuletzt auf Grund seiner Attraktivität war das Paar und jede seiner Unternehmungen stets ein Medienereignis. Sich eine Privatsphäre zu sichern und diese zu verteidigen, war von nun an Teil des täglichen Geschäftes der Thronfolgerin und später der Königin sowie ihres Mannes. Nichtsdestotrotz, die Hochzeitsreise verlief harmonisch, weil die Gefühle, die beide füreinander hegten, tief und echt waren – und dies bis heute noch sind.

Elizabeths und Philips Ehe ist immer noch ungewöhnlich erfolgreich, weil beide füreinander mehr Respekt und Toleranz aufbringen, als es offenbar ihren eigenen Kindern in deren Ehen jemals möglich war. Die an jenem Novembertag geschlossene Ehe erwies sich auch als immun gegen all das Konfliktpotenzial, das die mediale Dauerpräsenz mit sich brachte (was später bei Charles und Diana nicht der Fall war). Wie nicht anders zu erwarten, mussten früher oder später Gerüchte über Philip den Weg in die Zeitungskolumnen finden, Gerüchte über einen aktiven und attraktiven Mann, der in der ihm zugeschriebenen Rolle angeblich zwangsläufig immer wieder Grund zur Frustration hatte und ein Ventil zum Ausbruch suchte. Es gibt jedoch kaum einen konkreten Hinweis darauf, dass die immer wiederkehrenden Anspielungen auf Affären des Herzogs von Edinburgh mit verschiedenen reizvollen Frauen etwas anderes sind als eben das: Gerüchte. Der engen Vertrautheit zwischen Elizabeth und Philip, diesem sicher nicht ganz unkomplizierten Menschen, haben alle Erschütterungen der mehr als fünfeinhalb gemeinsamen Jahrzehnte nichts anhaben können.

In inniger Liebe ist Elizabeth nur noch einem anderen Mann verbunden gewesen: ihrem Vater. Ein Dokument seiner Gefühle ist ein Brief, den dieser sensible Mann seiner geliebten Tochter nach der Hochzeit schrieb: „Ich war so stolz und so aufgeregt, als Du auf dem langen Gang durch Westminster Abbey so dicht an meiner Seite warst, doch als ich Deine Hand in die des Erzbischofs legte, war mir, als habe ich etwas sehr Wertvolles verloren. Du warst so ruhig und so gefasst während des ganzen Gottedienstes und hast die Worte mit einer solchen Überzeugung gesprochen, dass ich wusste: alles wird gut.

Ich habe Dich in all den Jahren aufwachsen sehen, unter der geschickten Führung von Mummy, die, wie Du weißt, in meinen Augen die wundervollste Person der Welt ist. Ich kann, dies weiß ich, mich stets darauf verlassen, dass Du und nun auch Philip uns bei unserer Arbeit helft. Dein Fortgang hat eine große Leere in unserem Leben hinterlassen, aber Du wirst Dich erinnern, dass Dein altes Heim immer noch Dein ist und Du so lange und so oft wie möglich zurückkommen kannst. Ich sehe, dass Du so unglaublich glücklich mit Philip bist. Da ist gut so, doch dass Du uns nicht vergisst, das ist der Wunsch Deines Dich für immer liebenden und Dir zugetanen Papa."[3]

Anmerkungen

1 Siehe im Internet: www.royal.gov.uk/history/war1.htm
2 Zit. n. Pimlott, S. 122.
3 Zit. n. Bradford, S. 131f.

Die Märchenprinzessin

Harry S. Truman war vollständig verzaubert: „Als ich ein kleiner Junge war, habe ich über eine Märchenprinzessin gelesen – und hier ist sie."[1] Der US-Präsident, so empfanden es seine Mitarbeiter, wirkte wie ein Onkel, der seine hübsche Nichte einer staunenden Verwandtschaft präsentieren konnte. Prinzessin Elizabeth hatte es dem ansonsten nicht gerade zart besaiteten Politiker bei ihrem ersten Amerika-Besuch im Herbst 1951 sichtlich angetan. Bei seiner Rede im Rosengarten des Weißen Hauses machte Truman eine tiefe rhetorische Verbeugung vor der Repräsentantin eines Landes, gegen das sich einst amerikanische Kolonisten bei der Gründung ihres eigenen Landes erhoben hatten: „Wir haben viele hervorragende Besucher in dieser Stadt, doch niemals zuvor hatten wir so ein wundervolles Paar, das so vollständig unsere Herzen erobert hat."[2]

In der Tat flogen die Herzen der Amerikaner der jungen Prinzessin und ihrem Mann zu wie wenige Tage zuvor die der (nominellen) Untertanen in der ehemaligen Kolonie Kanada. Selbst die allem Englischen misstrauisch gegenüber stehenden Frankokanadier in der Provinz Quebec zeigten sich dank Elizabeths guter Französischkenntnisse und ihrer Bereitschaft, sich dieser Sprache zu bedienen, durchaus angetan. Präsident Truman stellte die Prinzessin seiner Mutter vor, eine ähnlich verehrungswürdige alte Dame wie Elizabeths Großmutter Queen Mary, wenngleich sie etwas schwerhörig und auch leicht desorientiert war. Sie hatte mitbekommen, dass Winston Churchill gerade erneut zum Premierminister gewählt worden war und Clement Attlee ablöste und gratulierte Elizabeth mit Worten voller republikanischer Überzeugung: „Ich bin so froh, dass Ihr Vater wiedergewählt worden ist!" Derlei kleine Missverständnisse trübten die Atmosphäre mitnichten, und Präsident Truman, ein Mann ohne Scheu vor bodenständiger Aussprache, schrieb ohne Hemmungen dem englischen König: „Als ein Vater zu einem anderen kann ich Ihnen sagen, wie stolz wir auf unsere Töchter sein können. Sie sind mir allerdings voraus – Sie haben schließlich zwei!"[3]

Die Amerikareise war ein großer Erfolg für Elizabeth und ihren Mann und stellte gleichzeitig einen der Höhepunkte in jener Zeitspanne zwischen Hochzeit und Thronbesteigung dar, die ihre Biografen als den wohl glücklichsten Abschnitt ihres Lebens bezeichnen – eine Einschätzung, der Queen Elizabeth II. sicher zustimmt.

Die Geburt von Charles und Anne

Nach einem mehrmonatigen Aufenthalt in Buckingham Palace hatten Elizabeth und Philip im Sommer 1948 ihre eigene Londoner Residenz bezogen, das in der Zwischenzeit gründlich renovierte *Clarence House* am St. James Palace. Elizabeth übernahm eine Reihe repräsentativer Pflichten, Philip hingegen arbeitete in der Admiralität. Beide vergaßen indes nicht, was die erste Monarchenpflicht ist – für einen Stammhalter zu sorgen. Sie erfüllten diese Aufgabe mit Zuverlässigkeit. Im Frühjahr 1948 hatte Buckingham Palace bekannt gegeben, dass Elizabeth schwanger war. Grund zur Schonung sah sie in diesen gesegneten Umständen keineswegs.

Zusammen mit Philip besuchte sie an einem ungewöhnlich heißen Frühsommerwochenende Paris. Es handelte sich um die erste offizielle Auslandsreise des Herzogs und der Herzogin von Edinburgh. Wie später in Quebec, nahmen nicht nur ihre Sprachkenntnisse die Bevölkerung für sie ein. Das jung verheiratete Paar sah so unglaublich gut aus, dass es dem Laufsteg einer Haute-Couture-Modenschau hätte entsprungen sein können. Neben der schlanken Frau mit den dunklen Haaren, die durchaus als Französin hätte gelten können, begeisterte der hoch gewachsene und in der Öffentlichkeit stets freundlichimpulsive Philip die Gastgeber und hier ganz besonders den weiblichen Teil – eine Sympathie, die durchaus auf Gegenseitigkeit beruhte. Der Besuchsplan war dicht gedrängt und mit Terminen angefüllt, die wenig Rücksicht auf der Prinzessin Zustand nahmen, wie eine Festtafel unter freiem Himmel in Marie Antoinettes Trianon in Versailles (die Franzosen konnten sich, daran erinnerte dieser Ort, Königen gegenüber auch von der weniger charmanten Seite zeigen) oder diverse Empfänge in überfüllten Räumlichkeiten. Der Besuch diente dazu, das gute Verständnis zwischen beiden Ländern, die Entente cordiale, zu festigen, denn auch 1948 gab es wieder Grund zusammenzustehen. Diesmal jedoch kam die als solche empfundene Bedrohung nicht aus Deutschland, sondern aus dem Osten.

Nicht bekannt wurde der Öffentlichkeit, dass Elizabeth sich streckenweise nicht allzu gut fühlte, aber trotzdem tapfer das aufreibende Programm absolvierte. Auch Philip war nicht in bester Form. Er hatte sich an der gerühmten französischen Küche kräftig den Magen verdorben und zeigte beim Besuch eines exklusiven Restaurants seine später weithin gefürchtete Neigung zu Tobsuchtsanfällen, als er in demselben eine versteckte Kamera entdeckte. Wie Elizabeths Biografin Sarah Bradford es so dezent umschreibt: „Philips Unwillen über die Zudringlichkeit der Medien wuchs und seine Reaktion darauf war ein Aspekt seines Temperamentes, den seine Frau als unangenehm empfand."[4]

Trotz derartiger Belastungen verliefen die Schwangerschaft und schließlich die Geburt unproblematisch – auch im Hinblick auf das Protokoll. Elizabeth hatte durchsetzen können, dass nicht länger ein Regierungsmitglied (normalerweise der *Home Secretary*/Innenminister) der hoheitlichen Wehentätigkeit physisch beiwohnen musste – die Zeiten, in denen Thronanwärter und -prätenden nach Geburt vertauscht und untergeschoben wurden, waren vorbei und lebten nur noch in der Fantasie Hollywoods weiter. In den frühen Abendstunden des 14. November 1948 kam Elizabeth mit einem gesunden Jungen nieder, den man auf den Namen Charles Philip Arthur George taufte. Der erste und somit künftige Rufname war bei halbwegs guter Kenntnis der englischen Geschichte allerdings nicht unbedingt die vielversprechendste Wahl. Charles I. hatte nämlich 1649 seinen Kopf durch das Richtschwert verloren, dramatischer Höhepunkt des englischen, zwischen den Kräften des Königs und jenen des Parlamentes ausgefochtenen Bürgerkrieges. Auch sein Sohn, Charles II., gehörte nicht zu den ganz großen Gestalten in Elizabeths Ahnengalerie. Aber vielleicht gaben die Prinzessin und ihr Mann ja wenig auf derartige Analogien.

Im Umgang mit ihrem Baby hielt sich Elizabeth an eine vermeintlich bewährte Familientradition – sie ließ Charles während seiner ersten drei Lebensjahre überwiegend in der Obhut von Nannies und sah ihren Sohn oft wochenlang überhaupt nicht. Ihre Hochachtung vor diesem so typisch britischen Berufsstand der (meist in Uniform gekleideten) Kinderbetreuerin hielt ein Leben lang an; als viele Jahre später der marokkanische König Hassan sie bei einem offiziellen Termin warten ließ, bemerkte die Queen, das käme davon, wenn man seine Kindheit nicht unter der Leitung einer schottischen Nanny verbracht habe.

Philips Verständnis von seiner Rolle als Vater kann man diplomatisch als dem traditionellen Verständnis entsprechend umschreiben. Er war glücklich über seinen Sohn wie über die noch folgenden Kinder, aber nicht unbedingt engagiert oder auch nur über die Maßen herzlich. Gerade mit Charles hatte er so manche Kommunikationsprobleme.

Philip war des Schreibtischjobs bei der Admiralität bald überdrüssig und sehnte sich zurück auf die hohe See. Dieser Wunsch wurde ihm erfüllt, er erhielt sein erstes eigenes Kommando über einen zum Mittelmeergeschwader der Royal Navy gehörenden Zerstörer. Seine Basis war Malta, wo ihn Elizabeth gern und oft besuchte und es mit der Rückkehr nach London selbst dann nicht eilig hatte, wenn Philip mit seinem Schiff auf großer Fahrt war.

Elizabeth genoss die Aufenthalte auf der sonnigen Mittelmeerinsel, das ungezwungene Beisammensein mit anderen *Navy Wifes* zur Teatime, den Besuch von Polospielen, bei denen Philip und Mountbatten (er befehligte das Kreuzerge-

schwader im Mittelmeer) brillierten, und die vielen gesellschaftlichen Anlässe so sehr, dass Mountbattens Frau Edwina
von einer Rückkehr in den Käfig sprach, als Elizabeth nach
London heimkehrte. Dort brachte sie am 15. August 1950
nach komplikationsloser Schwangerschaft ihr zweites Kind
auf die Welt, ein Mädchen, das den Namen Anne Elizabeth
Alice Louise erhielt.

Elizabeth kommt dem Thron näher

Das Familienglück wurde getrübt durch die zunehmende
Hinfälligkeit des Königs. Obwohl erst ein Mittfünfziger war
George VI., wie der aufmerksame Churchill notierte, vom
Tode gezeichnet. George war in höchster Ausprägung jener
Unsitte verfallen, die seit Edward VII. ein die britische Königsfamilie dominierendes Laster war: dem Rauchen. Glücklicherweise erlag Elizabeth dieser Versuchung nicht, ihre Schwäche
bestand (und besteht) eher in einer Vorliebe für Schokolade
und, vor allem in späteren, durch permamenten Familienärger
geprägten Lebensabschnitten, in dem einen oder anderen Mar-
tini. George hatte zunächst jene Beschwerden entwickelt, die
an das so genannte Raucherbein erinnern. Dann wurde eine
Operation an der Wirbelsäule für notwendig erachtet, die ihn
für Monate zwang, sich beim Gehen eines Stockes zu bedienen. Schließlich kam ein hartnäckiger Husten hinzu, der in
der abwiegelnden Sprache der Hofbulletins auf langwierige Er-
kältungen geschoben wurde. Eine eingehendere Untersuchung
zeigte jedoch, dass der König den Preis für sein Laster zahlen
musste: er litt unter einem Bronchialkarzinom.
  Die Krankheit des Königs machte es unausweichlich, dass
Elizabeth nun mehr und mehr von seinen öffentlichen Pflichten übernahm. Für Philip bedeutete dies das Ende seiner aktiven Laufbahn bei der Marine, da es für untragbar gehalten
wurde, wenn der Mann der künftigen Königin weitab vom
Geschehen weilen würde. Seine Stimmung verdüsterte sich ob
dieser Entwicklung, er begann den Apparat von Buckingham
Palace als etwas Feindseliges anzusehen. Erst allmählich ge-

wöhnte er sich an die Übernahme repräsentativer Aufgaben. Im Sommer 1951 wurde auch der Bevölkerung deutlich, wie nahe Elizabeth dem Thron gekommen war: Bei der traditionellen Geburtstagsparade (*Trooping the Colour*) nahm den Vorbeimarsch der *Horse Guards* zum ersten Mal Elizabeth ab, eine schlanke, uniformierte junge Frau, die in so untadeliger Haltung auf ihrem Pferd saß, als sei sie mit dem Tier verwachsen. Es war ein Anblick, der aufs Deutlichste symbolisierte, dass die englische Monarchie vor einer Zäsur stand. Die britische Politik hingegen vollzog zu eben jenem Zeitpunkt eine Rolle rückwärts. Bei den Unterhauswahlen siegten die Konservativen und mit ihnen der alte und neue Premierminister Winston Churchill, der inzwischen 77 Jahre alt war und seine beste Zeit unbestreitbar hinter sich hatte.

König George VI. war auch nicht mehr in der Lage, die geplanten Staatsbesuche zu absolvieren. Eine Reise nach Australien und Neuseeland wurde auf das nächste Jahr verschoben, die guten Beziehungen zu den USA und Kanada zu demonstrieren, oblag nun Elizabeth und Philip. Auch wenn sie in Kanada ein ambitioniertes Programm durchaus erfolgreich absolvierten, so belastete insbesondere Elizabeth der Gedanke an den kranken Vater immer wieder. Die Presse, das merkte sie schnell, hatte für Momente der Introvertiertheit kein Verständnis und fragte: „Warum lächelt sie nicht?" Zu ihrem Privatsekretär äußerte sie daraufhin hilflos, dass ihr bereits der Kiefer vom vielen Lächeln weh tun würde.

Nach ihrer Rückkehr aus Nordamerika wurden sie in Liverpool vom königlichen Sonderzug abgeholt, der sie nach London brachte. Der Anblick ihres Vaters, den sie mehrere Wochen nicht gesehen hatte, war für Elizabeth ein Schock. Sein Haar war fast vollständig ergraut, das Gesicht abgemagert, die Augen eingesunken. Der Öffentlichkeit war der wahre Zustand Georges VI. nicht bekannt, denn der Palast ließ den Redaktionen nur ausgesuchte Fotos zukommen, wie das des mit seinem Enkel Charles spielenden Königs, die seinen wahren Zustand kaschierten.

Es stand außer Frage, dass Elizabeth und Philip auch die Reise in die Südsee mit einem mehrtägigen Stopp im damals noch zur britischen Krone gehörenden Kenia übernehmen würden. Am 31. Januar 1952, einem kalten Wintertag, begleitete der König seine Tochter und seinen Schwiegersohn nach Heathrow, wo diese eine Sondermaschine der (heute nicht mehr existierenden) Fluggesellschaft BOAC bestiegen. Sichtlich aufgewühlt winkte der Monarch den beiden zu, als sie sich in der Flugzeugtür noch einmal umdrehten. Sein Blick spiegelte tiefe Melancholie wider, als er den Start der Propellermaschine beobachtete. Immer kleiner vor dem grauen englischen Himmel werdend, entschwand das Flugzeug schließlich seinen Blicken. König George VI. sollte seine geliebte Tochter nie wiedersehen. Nur wenige Tage später, am 6. Februar, schloss er seine Augen für immer.

Anmerkungen

1 Zit. n. Pimlott, S. 172.
2 Ebd.
3 Ebd. S. 163.
4 Bradford, S. 141.

Glanz und Last einer Krone

Noch am Tag des Todes Georges VI. wurde seine Tochter zur neuen englischen Königin ausgerufen. Auf die Frage, welchen Namen sie annehmen würde, hatte sie geantwortet: „Meinen eigenen Namen natürlich."[1] Sie galt somit als Queen Elizabeth II., die zweite Königin dieses Namens, vierhundert Jahre nach der Herrscherin, die über einen Shakespeare, einen Raleigh, einen Drake geboten hatte. Wie sehr dieser Name historisch Sinn machte, dürfte sich der jungen Königin zu diesem Zeitpunkt kaum erschlossen haben. Elizabeth I. (1558–1603) hatte in ihrer langen Regentschaft den Grundstein zu einem britischen Empire gelegt, das sich schließlich über den ganzen Erdball ausdehnte und Besitzungen auf fünf Kontinenten (zählt man die so genannten Forschungsstationen in der Antarktis mit, sogar auf sechs) sein Eigen nannte. Elizabeth II. hingegen erlebte den genau gegenteiligen Prozess, die Auflösung britischer Kolonialmacht und -herrlichkeit mit. Fünfzig Jahre nach ihrer Thronbesteigung bestehen die direkt von London abhängigen Überseebesitzungen aus solch bescheidenen Territorien wie Gibraltar, St. Helena, den Falklandinseln und den im Gegensatz zu diesen touristisch so viel reizvolleren British Virgin Islands. Fast synchron mit der Ausrufung Elizabeths in London erfolgte die Proklamation überall dort, wo der Union Jack wehte. Nie wieder, so darf vermutet werden, werden so viele Völker gleichzeitig die Ernennung ihres hereditären Oberhauptes miterleben. Man jubelte Elizabeth II. pflichtgemäß in den vielen noch bestehenden Kolonien zu, wie in Jamaica, Ghana, Nigeria, aber auch in den sechs souveränen Staaten, die Elizabeth als ihr Staatsoberhaupt anerkannten: Australien, Neuseeland, Kanada, Pakistan, Südafrika und Ceylon (das heutige Sri Lanka).

Während die neue Königin keinen Zweifel an ihrem Vor- und somit Regentennamen gelassen hatte, wurde der Familienname – bei Nobilitäten dieser Größenordnung spricht man standesgemäß vom Namen des „Hauses" – Gegenstand von Diskussionen. Queen Victoria hatte mehr als hundert Jahre zuvor nach der Heirat mit ihrem geliebten Albert fast automatisch als der nun beginnenden Dynastie der Sachsen-Coburg-Gotha vorgestanden, benannt nach Alberts Heimatfürstentum im bayerisch-thüringischen Grenzgebiet. Wie sollte in Analogie dann in diesem Jahr 1952 die Bezeichnung der jungen englischen Königsfamilie lauten? Bei seiner Hochzeit galt der jetzige Herzog von Edinburgh schlicht als „Lieutenant Philip Mountbatten, Royal Navy". Es war keine Frage, aus welcher Richtung dieser Familienname heftigste Unterstützung erfuhr: Onkel Louis Mountbatten, stets nicht nur an des Lieblingsneffen, sondern auch am eigenen Ruhm interessiert, verkündete nach Zeugenaussagen bei dem einen oder anderen Empfang auch schon einmal fröhlich, „dass nun das Haus Mountbatten regiert"[2]. Dergleichen überschwängliche *self-promotion* stieß vor allem bei der stets auf Wahrung der Etikette bedachten Queen Mary, Elizabeths Großmutter, auf Widerstand. Sie teilte sofort auch gegen Philip aus, als dieser zu offensichtlich Gefallen am phonetischen Klang der von ihm mitbegründeten Dynastie fand: „Was zum Teufel denkt dieser verdammte Narr Edinburgh, hat der Familienname mit ihm zu tun?"[3]

Die Zeiten indes, in denen eine englische Königsfamilie selbstständig über so etwas auf den ersten Blick Privates entscheiden kann wie ihren Namen, waren längst vorbei. Wie bei fast allem, was der Monarch unternimmt, war auch in dieser Frage eine Abstimmung mit der Regierung notwendig. Auch wenn ein jedes britische Kabinett ein solches „Ihrer Majestät" ist, so legt das Possessivpronomen einen falschen Schluss nahe – es ist, wie es sich in einer parlamentarischen Demokratie gehört, die sich auf eine Mehrheit im Unterhaus (und somit auf den bei den letzten Wahlen zum Ausdruck gekommen Willen der Bevölkerung) stützende Regierung, die Entscheidungen trifft. Die Prerogative der Königin besteht im

Wesentlichen auf den drei Rechten, die ein Staatsrechtler der viktorianischen Zeit beschrieb als a) das Recht konsultiert zu werden, b) das Recht zu ermutigen und c) das Recht zu warnen.

Die Regierung von Winston S. Churchill, einem außerordentlich geschichtsbewussten Mann (er hatte in jungen Jahren ein Buch über seinen Vorfahren, den Herzog von Marlborough geschrieben), unterband jedwedes mountbattensche Usurpationsgebaren im Ansatz: „Das Kabinett hat sehr nachdrücklich die Auffassung vertreten, dass der Familienname Windsor beibehalten werden sollte. Man hat den Premierminister gebeten, diese Ansicht bei passender Gelegenheit Ihrer Majestät zur Kenntnis zu bringen."[4] Damit war das Thema vom Tisch, auch wenn Philip murrte, er sei wohl der einzige Mann in Großbritannien, der seinen Namen nicht an seine Kinder weitergeben dürfe.

Die Queen und ihr Premierminister – sie waren ein denkwürdiges Paar. Elizabeth war sechsundzwanzig Jahre alt, Winston Churchill zählte deren achtundsiebzig. Traten Sie zusammen vor die Kameras der Fotografen, so schien das ungleiche Paar den denkbar größten Gegensatz zu verkörpern. Er stand für das Empire, für das er im Burenkrieg 1900 gekämpft hatte und das sich nun in seiner bisherigen Form auflöste. Sie verkörperte die Zukunft, ein junges Britannien – doch stand sie auch für einen Abschied von überkommenen Traditionen? Diesen Eindruck vermittelte die neue Königin, bei all ihrem würdevollen Charme, nicht unbedingt.

Elizabeth und Churchill verstanden sich ausgezeichnet, sie verehrte den großen Staatsmann und hörte ihm aufmerksam zu, wenn er über seine Erfahrungen berichtete – auch wenn er nach den Audienzen oft kokettierend erklärte, eigentlich habe man sich nur über Pferde unterhalten. Churchill war von der jungen Monarchin regelrecht verzaubert. Sie schien ihn weniger an seine eigene, allmählich zunehmende Gebrechlichkeit zu erinnern – immerhin hatte er ihrer Ur-Ur-Großmutter (Victoria), ihrem Ur-Großvater (Edward VII.) ihrem Großvater (George V.), ihrem Onkel (Edward VIII.) und ihrem Vater (George VI.) gedient –, als ihn vielmehr mit neuer Vitalität zu erfüllen. Immer wieder war Churchills Rücktritt während der Legislaturperiode von politischen Auguren vermutet worden, immer wieder verschob der Premier diesen Abschied, nicht zuletzt auch, da er die Zusammenarbeit mit der neuen Königin außerordentlich schätzte. Die Jahre im Wartestand zermürbten seinen Außenminister Anthony Eden, der als „Kronprinz" der Konservativen Partei Nachfolger Churchills zu werden hoffte und sich aus Frustration ein Gallensteinleiden einhandelte.

Die Audienz eines Premierministers – normalerweise einmal die Woche abgehalten – nahm und nimmt Elizabeth stets ernst, wie auch das Studium ihr vorgelegter Dokumente und Regierungsakten. Ein hoher Beamter beobachtete: „Die Queen liest nie ein Buch. Wenn es jedoch um Staatspapiere geht, ist sie ein schneller und aufmerksamer Leser. Sie hat alle Premierminister damit beeindruckt."[5] Bibliophil ist Queen Elizabeth – nach allem, was man über sie weiß – in der Tat zeit ihres Lebens nie gewesen (ihre Ausbildung hat dafür allerdings auch keinen Grundstock gelegt), und wenn sie ein Buch zur Hand nimmt, ist es ein Kriminalroman.

Die neue Königin und ihre Familie richteten sich inzwischen in Buckingham Palace ein. Der Hofstaat war anfangs etwas irritiert, dass die Königinmutter so herzlich wenig Anstalten machte, auszuziehen. Für das Personal war es eine unglückliche Situation, mit einer Frau zu tun zu haben, die gewohnt war, dass in diesen Mauern ein jeder auf ihr Kommando hörte und die sichtlich Schwierigkeiten hatte, sich an eine neue und untergeordnete Rolle zu gewöhnen. Nach dem Tod ihres Gemahls George VI. dauerte es mehr als ein Jahr bis *Her Majesty Queen Elizabeth The Queen Mother* mit ihrer jüngeren Tochter Margaret endlich ins Clarence House umzog.

Die Krönungsfeierlichkeiten –
ein Medienereignis ohnegleichen

Während des ersten Regierungsjahres befassten sich Elizabeth
und ihr Hofstaat intensiv mit der Planung jenes Ereignisses,
das zum glanzvollsten ihrer Regentschaft werden sollte, der
Krönung. Der Tag, an dem die neue Königin vom Erzbischof
von Canterbury die Krone aufs Haupt gesetzt bekam und nach
anglikanischer Liturgie für ihre Aufgabe geweiht wurde, war
der 2. Juni 1953 – ein Festtag für Großbritannien und das
gesamte Commonwealth. Nicht nur im Palast, in dem man
dem weitgehend beschäftigungslosen Philip eine Aufgabe in
der Planungskommission zugewiesen hatte, arbeitete man diesem Ereignis fieberhaft entgegen. Das ganze Land schien von
royalistischer Begeisterung ergriffen. Straßen und Plätze wurden schon Wochen vor dem großen Tag geschmückt, in den
Schulen überboten sich die Kinder dabei, in Wasserfarben
ihren Visionen eines antiquierten Rituals in einer modernen
Zeit Ausdruck zu verleihen. Die Souvenirindustrie erlebte
eine ungeahnte Blüte, die Zahl der mit Elizabeths Porträt verzierten Teetassen, Handtücher und Hundedeckchen dürfte Le-
gion gewesen sein.

Es war aber auch ein festliches Ereignis zu passender Zeit:
Die schlimmsten Jahre der Wirtschaftskrise lagen hinter Großbritannien, die Spuren des Krieges waren weitgehend getilgt.
Wenngleich das Empire in seiner alten Form nicht überlebens-
fähig war, so konnte man doch allenthalben Spuren britischer
Renaissance voller Symbolgehalt erblicken. Fast zeitgleich mit
der Krönung hatte ein britisch geführtes Bergsteigerteam erstmals den Mount Everest bestiegen und in Australien detonierte die erste britische Atombombe, die offenkundig machte,
dass man zwar keine Weltmacht mehr, wohl aber immer noch
eine Großmacht war.

Nicht nur der feierliche Akt in der Westminster Abbey
sollte ein einschneidendes Erlebnis in Elizabeths Leben werden, eine Zäsur stellte für sie auch ein Detail dar, das in der
Planungsphase Anlass zu heftigen Debatten gegeben hatte.
Die BBC wollte die Krönungsfeierlichkeiten nämlich live im

Fernsehen übertragen, jenem neuen Medium, das mit zunehmendem Wohlstand Einzug in immer mehr britische Wohnzimmer hielt. Elizabeths Pressesekretär Colville versuchte abzuwehren: „Während Filmmaterial von der Krönung auf gewünschte Weise zurechtgeschnitten werden kann, würde eine Liveübertragung die Königin (die persönlich das Fernsehen nicht mag) nur zusätzlich unter Druck setzen. Es würde bedeuten, dass jeder Fehler, jeder unbeabsichtigte Zwischenfall, jedes unpassende Benehmen der Zuschauer von Millionen Menschen miterlebt werden würde."[6] Man hatte, das war offensichtlich, Angst davor, dass der Schleier des Mythischen, der dem Krönungsvorgang seit dem ersten derartigen Akt im weit zurückliegenden 10. Jahrhundert innewohnte, von der Profanität allgegenwärtiger kalter und unbestechlicher elektronischer Augen hinweggefegt würde.

Auch das Kabinett, das bei der Entscheidung das letzte Wort hatte, war zunächst Colvilles Ansicht. Eine Flut von Leserbriefen an die Zeitungen und Eingaben an einzelne Abgeordnete – zusammen mit einem beharrlichen Drängen seitens der BBC – belegten jedoch, dass die Bevölkerung Anteil am Festakt und an der anschließenden Fahrt der Königin durch die City von London nehmen wollte, ohne dabei stundenlang am Rand Londoner Avenuen ausharren zu müssen. Wie bei auf die nächste Wahl schielenden Politikern nicht anders zu erwarten, setzte ein Umdenkprozess ein. Schließlich ließ sich auch Elizabeth umstimmen und erklärte, „alle ihre Untertanen sollten die Gelegenheit haben, sie zu sehen."[7]

Kompromissbereit hat sie wahrscheinlich auch die Tatsache gemacht, dass die Standorte der Kameras auf eine Art gewählt wurden, die eine allzu aufdringliche Nähe zur Königin ausschloss. Elizabeth hatte – das dürfte sie in diesem Sommer 1953 kaum geahnt haben – *Pandora's box* geöffnet: Von jetzt an hatte in den Augen der Bevölkerung jedes halbwegs wichtige Ereignis im Königshaus ein öffentlich übertragenes zu sein. Elizabeths Biograf Ben Pimlott beschreibt diese mediale Revolution, die aus der Königin eine in nie zuvor dagewesenem Ausmaß öffentliche Figur machte: „In Großbritannien verfolgten schätzungsweise 27 Millionen Menschen die Krönung live, zumindest einen halben Tag lang. Das Gefühl, dass sie alle Zeugen des gleichen Vorgangs waren, stellte an sich schon ein Novum dar und steigerte die Empfindung, einer Gemeinschaft anzugehören – besonders, da Besitzer von Fernsehgeräten andere in ihre Wohnungen einluden. Es veränderte auch die Ikonografie. Von nun an gab es eine automatische Erwartung, dass königliche Ereignisse auch Fernsehereignisse waren, das allgemeine Bild der Monarchie war eines, das aus bewegten Bildern bestand. Das Fernsehen wurde das Medium, mit dem die Öffentlichkeit die königliche Familie wahrnahm und, bei immer faszinierenderer Intimität, sie beurteilte."[8]

Nicht nur in Großbritannien verfolgten die Menschen staunend das Krönungsritual und die Fahrt der königlichen Kutsche vorbei an den Monumenten geschichtlicher Größe Englands. Die Technik war immerhin schon in der Lage, Liveübertragungen in die Niederlande, nach Frankreich und in die Bundesrepublik Deutschland sicherzustellen. Auch amerikanische Fernsehkameras waren in der Westminster Abbey installiert. Die Filmstreifen wurden unmittelbar nach dem Ereignis mit der Kurierpost in die USA geflogen und nur mit wenigen Stunden zeitlicher Verzögerung von den dortigen *networks* ausgestrahlt.

Wie in England kaum anders zu erwarten, regnete es auch am Tag der Krönung. Trotzdem hatte sich in London etwa eine halbe Million Menschen versammelt, um die Königin in ihrer Hermelinrobe – ein passendes Kleidungsstück, denn es war auch noch ungebührlich kalt an diesem vermeintlichen Frühsommertag – und der juwelenbesetzten Krone zu bewundern. Die Zeremonie in der Westminster Abbey, die aus mehreren Akten, unter anderem der Salbung der Königin und dem Ablegen ihres Eides bestand, verlief wie geplant, auch wenn man Elizabeth gelegentlich die Nervo sität ansah. Ein Beobachter beschrieb ihr Auftreten: „Ihre Wangen sind leicht rosa, ihr Haar ist sorgsam um das mit wertvollen Steinen besetzte viktorianische Diadem arrangiert, das gerade über ihren Brauen sitzt. Ihre zarten Hände sind ruhig auf dem von prachtvollen Stickereien verzierten Rock gefaltet, sie wirkt nach wie vor wie ein junges Mädchen von einfachem und bescheidenem

Auftreten. Wahrscheinlich hat ihre Mutter sie gelehrt, nie eine überflüssige Gebärde zu machen. Wenn sie geht, schwingt ihr schweres Kleid in einem schönen rhythmischen Effekt vorwärts und rückwärts. Ihre mädchenhafte Figur hat eine enorme Würde, sie passt zu dieser Szene von fast byzantinischer Pracht."[9]

Der Jubel der Bevölkerung entsprach dieser Pracht, als sich nach der Krönung eine Prozession aus 27 Kutschen über einen fast zehn Kilometer langen Kurs durch das Herz Londons zum Buckingham Palace in Bewegung setzte – begleitet von 13 000 Soldaten und 29 Musikkapellen.

Eine Reise um den Erdball

Begeisterung schlug der neuen Königin auch auf ihrer ersten und bis auf den heutigen Tag längsten Auslandsreise entgegen. Zusammen mit Prince Philip, aber gemäß Familientradition ohne die beiden kleinen Kinder Charles und Anne, brach sie im November 1953 zu einer Reise rund um den Erdball auf, für die Churchill als leidenschaftlicher Hobbyhistoriker die passende Analogie bereit hatte: „Es kann gut sein, dass die Reise, auf die die Queen sich begibt, nicht weniger ehrgeizig ist und dass sie nicht weniger Reichtümer mitbringt als Drake, der als Erster mit einem englischen Schiff die Welt umrundete."[10]

Elizabeth II. hielt Reden, nahm Paraden ab und präsidierte Empfängen in einer Quantität, die eine ungeheure Kondition erforderten. Was sie zu sagen hatte, klang fast überall so ähnlich wie auf Jamaica, einer ihrer ersten Stationen: „Die engsten Bande sind nicht jene, die in Dokumenten bewahrt werden, sondern sie verbinden die Herzen von Menschen, die die gleichen Überzeugungen und die gleichen Ziele teilen."[11]

Die Karibik und die Bermuda-Inseln waren die ersten Stationen auf der Reise, die insgesamt fünfeinhalb Monate in Anspruch nahm. Weiter ging es zu den Fidschi –, den Cocos- und den Tonga-Inseln; auf der Rückreise waren Uganda, Aden, Malta und Gibraltar Schauplätze allmählich ermüdend wirkender Zeremonien und stereotyper Reden. Die meiste Zeit

Liebling der Medien: Princess Elizabeth im Alter von zwei Jahren.

Drei gekrönte Generationen auf dem Balkon von Buckingham Palace kurz nach der Inthronisation Georges VI. (rechts) im Jahre 1937: V.l.n.r.: Queen Elizabeth (die heute mehr als 100-jährige „Queen Mum"), Princess Elizabeth, Queen Mary, Princess Margaret.

Seit ihren Kindertagen begeisterte sich Elizabeth für Pferde. Einen T vor ihrem 14. Geburtstag erkundete sie zusammen mit ihre Schwester Margaret hoch zu Ross oder besser gesagt zu Pony – den Park von Windsor Castle.

Die 18-jährige Princess Elizabeth während ihrer Dienstzeit von März bis Juli 1945 als weibliche Armeehelferin beim Auswechseln eines LKW-Reifens.

*wei ganz offensichtlich glückliche
itterwöchler: Elizabeth und
ilip kurz nach ihrer Hochzeit im
ovember 1947.*

*mpfang im Londoner Rathaus 1950: Winston Churchill (zu jener Zeit Ex-
emier) war von Elizabeths jugendlichem Charme regelrecht verzaubert. Im
intergrund der damalige Premierminister Clement Attlee und seine Gattin.*

*25. Dezember 1952: Zum
ersten Mal wendet sich die
neue Queen in einer
Weihnachtsansprache über
Radio an ihre Untertanen
in Britannien und in Übersee.*

*Die königliche Familie im
Januar 1953: Elizabeth II. mit
ihrem Gemahl Prince Philip
und den beiden Kindern
Charles und Anne vor
Balmoral Castle.*

jedoch, fast drei Monate, verbrachten Elizabeth und Philip in Australien und Neuseeland. Die Anteilnahme und der Jubel der dortigen Bevölkerung waren unbeschreiblich. Drei Viertel der Einwohner Australiens, eine wahrhaft unglaubliche Quote, bekam beim extensiven Besuchsprogramm der Queen das Staatsoberhaupt mit eigenen Augen zu sehen. Elizabeth versuchte es allen recht zu machen, stand mit Engelsgeduld und ungeheurer Disziplin ein Programm durch, wie es weder vor noch nach ihr je ein gekröntes Haupt hat ertragen müssen.

Die Medienpräsenz war auch hier unheuer groß. Unbarmherzig verfolgten die Kameras jede Bewegung und Regung der Königin: „Es ist schlimm. Ich habe anscheinend eine Art von Gesicht, die mich mürrisch erscheinen lässt, wenn ich mal nicht lächle. Aber ich bin nicht mürrisch. Wenn Sie versuchen, zwei Stunden lang kontinuierlich zu lächeln, bekommen Sie ein nervöses Zucken im Gesicht. Und genau in dem Moment, wo ich aufhöre zu lächeln, sieht es jemand und fragt ‚Sieht sie nicht mürrisch aus?‘"[12] Manchmal, nach einem langen Tag, brach in kleinem Kreis, in Gegenwart ihres Mannes und einiger Berater, ihre Selbstbeherrschung zusammen: „Mein Gott, sind die langweilig! All diese Bürgermeister und Ratsherren sind langweilig, langweilig, langweilig. Warum sind sie nur so langweilig?"[13]

Von Neuseeland aus hielt Elizabeth ihre weihnachtliche Radioansprache, die live rund um den Globus übertragen und zur Dinnerzeit in britische Wohnzimmer kam – ein beachtenswerter technischer Triumph. In ihrer Regierungszeit erlebte Elizabeth gerade mit Blick auf diese heimatfernsten ihrer Untertanen eine ähnliche technologische Innovation. Der Luftverkehr, der 1953 gerade am Anfang des Jet-Zeitalters stand, erlebte in den nächsten zwanzig Jahren eine so rasante Entwicklung, dass Elizabeth 1973 zur Eröffnung des weltberühmten Opernhauses in Sydney quasi übers Wochenende nach Australien kommen konnte.

Im Mai 1954 kehrte Elizabeth von ihrer Weltreise nach London zurück, empfangen von zwei Kindern, die sich kaum erinnern konnten, wie ihre Mutter aussah, und von einem Premierminister, der seinen 80. Geburtstag im November etwas melancholisch entgegenblickte. Winston Churchill trat schließlich im Frühjahr 1955 von seinem Amt zurück. Die Schwerfälligkeit des Hofes, aber auch Elizabeths Unfähigkeit, über die Grenzen der Konventionen und den eigenen Schatten zu springen, wurden bei diesem Anlass deutlich. Ausgerechnet ihr Pressesekretär Sir John Colville, alles andere als ein Neuerungen gegenüber aufgeschlossener Geist, kam auf die wahrlich nicht abwegige Idee, den Staatsmann, der sich um Großbritannien verdient gemacht hatte wie kaum ein Zweiter, zum Abschied mit einer Herzogswürde auszustatten. Die offizielle Haltung des Buckingham Palace war jedoch, dass ein *dukedom* nur königlichen Personen vorbehalten sei. Da man allerdings von Churchill wusste, dass er als Angehöriger des House of Commons zu sterben wünschte und eine solche Würde mit einem Mandat im Unterhaus nicht vereinbar war, glaubte man, ihm dennoch die Herzogswürde anbieten zu können und rechnete fest mit seiner Ablehnung.

Der schwache Punkt des Planes war jedoch, dass Churchill seiner jungen Königin auf fast romantische Art zu Füßen lag. Colville erfuhr nach der letzten Audienz, wie knapp der Hof an einer Peinlichkeit vorbeigeschlittert war: „Ich war ziemlich besorgt, als ich den Premierminister in seinem Frack und mit seinem Zylinder zur Audienz gehen sah, weil ich wusste, dass er regelrecht in die Königin verliebt ist. Ich befürchtete, dass sentimentale Gefühle ihn dazu bringen könnten, im letzten Moment [die Würde] doch anzunehmen. Als er von der Audienz zurückkam und wir im Kabinettszimmer saßen, war das Erste, was ich ihn fragte: ‚Wie ist es gelaufen?' Mit Tränen in den Augen sagte er: ‚Wissen Sie was – es war die bemerkenswerteste Sache: Sie hat angeboten, mich zum Herzog zu ernennen.' Mit den größten Befürchtungen fragte ich ihn, was er geantwortet habe. ‚Well, wissen Sie, ich hätte beinahe angenommen. Ich war so bewegt von ihrer Schönheit und von der Großzügigkeit dieses Angebotes, dass ich für einen Moment drauf und dran war, zu akzeptieren. Aber dann habe ich mich daran erinnert, dass ich sterben müsste wie ich gelebt habe – als Winston Churchill. Und wissen Sie was? Es war eigenartig – sie schien geradezu erleichtert zu sein.'"[14]

Familiärer Ärger: Princess Margaret und Peter Townsend

Es wirkt wie ein Menetekel für das, was in den ersten fünfzig Jahren Elizabeths auf dem Thron noch auf sie zukommen sollte, dass der größte Ärger, die ausgeprägteste öffentliche Erregung ihrer frühen Jahre nicht in ihrer Stellung innerhalb des Staatsgefüges einer parlamentarischen Monarchie seinen Ursprung hatte, sondern in ihrer eigenen Familie. Seit Anfang 1953 wusste Elizabeth, dass ihre Schwester Margaret eine Affäre mit Peter Townsend hatte. Der ehemalige Jagdflieger war ein Kriegsheld, sah gut aus, entstammte einer angesehenen Familie – und war geschieden. Im Zusammenhang mit der sich entwickelnden Affäre hat man Elizabeth zum ersten Mal vorgeworfen, eine „Vogel-Strauß-Haltung" einzunehmen, die Probleme nicht anzugehen, sondern sie zu negieren, bis sie explosiv wurden – und die Verbindung der Prinzessin zu einem geschiedenen Mann war in der Tat eine Zeitbombe. Es war ein Déjà-vu der Ereignisse von 1936 mit dem Unterschied, dass es diesmal nicht ein regierender König war, der die von der Church of England gesetzten Normen des Privatlebens zu verletzen im Begriff war, sondern die Nummer drei in der Thronfolge.

Seit der Reise ins südliche Afrika 1947 waren Margaret und Peter häufig zusammen gewesen, die gegenseitige Anziehung fiel auch George VI. auf, der seiner Lieblingstochter nichts verbieten mochte, auch wenn er zur Kenntnis genommen haben dürfte, dass Townsend damals noch verheiratet war. Townsend wurde dem Hofstaat zugeteilt, und der König entwickelte eine fast väterliche Zuneigung zu ihm. Im Vergleich zu anderen Freunden Margarets imponierte Tonwsend durch seine Ernsthaftigkeit, seine Abneigung gegen frivole Späße und durch seine christliche Überzeugung. Die Religiosität war eine Gemeinsamkeit zwischen Margaret und Peter, die sich wahrscheinlich erst 1953, nach Townsends vollzogener Scheidung (im Scheidungsverfahren galt er als *innocent party*, da seine Frau offenbar außereheliche Beziehungen unterhielt), ihre Liebe gestanden. Als die beiden Elizabeth und der Queen Mum ihre Gefühle für einander offenbarten, war die Reaktion zunächst freundlich-unverbindlich. Gemäß einem aus dem Jahr 1772 stammenden Gesetz muss der regierende Monarch oder die Monarchin allen Eheplänen von Mitgliedern der königlichen Familie zustimmen, sofern diese jünger als 25 Jahre sind. Elizabeth bat deshalb die beiden, noch ein Jahr zu warten. Ob sie bei der bald erfolgenden Versetzung Townsends auf einen obskuren Posten bei der britischen Botschaft in Brüssel ihre Hände im Spiel hatte, ist unbekannt.

Sollte diese „Abschiebung" den Sinn gehabt haben, die Zuneigung der beiden füreinander abzukühlen, so war das Ziel gründlich verfehlt worden. Als Margaret im August 1955 ihren 25. Geburtstag beging, war sie von Seiten des Königshauses frei, Peter zu heiraten, wohl aber nicht von Seiten des Parlamentes, das gleichfalls einer Eheschließung seinen Segen hätte geben müssen. Während des Sommerurlaubs der königlichen Familie in Balmoral scheint es zu heftigen Diskussionen gekommen zu sein, doch sowohl Elizabeth als auch ihre Mutter schienen eine klare Stellungnahme zu verweigern. Als Peter im Oktober aus Belgien zurückkam, feierte er mit Margaret ein Wiedersehen, bei dem beiden klar wurde, dass ihre Gefühle füreinander mitnichten erloschen waren.

Während die britische Presse sich bislang in der Berichterstattung eher zurückgehalten und vor allem amerikanische und kontinentaleuropäische Zeitungen über die Prinzessin, die im Vergleich zu ihrer Schwester über die deutlich erotischere Ausstrahlung verfügte, und ihren Liebhaber berichteten, gab die *Times* am 24. Oktober den Startschuss zu einer emotionalen Debatte, die in ganz Großbritannien heftige Wellen schlug. Townsend, so hieß es in dem Leitartikel, sei „ein tapferer Offizier mit keinerlei Makel außer der Tatsache, dass seine geschiedene Frau noch lebt … Wenn die Prinzessin letztlich entscheiden sollte – nach all den ernsthaften Überlegungen, die sie erkennbar dem Problem gewidmet hat –, dass sie nicht in der Lage ist, das Opfer zu erbringen, dann hat sie das Recht, die Bürde niederzulegen, die zu schwer für sie ist." Die Bürde – das hieß im Klartext: Aufgabe des Ranges innerhalb der königlichen Familie mit den sich daraus ergebenden Verpflichtungen und damit Verzicht auf die vom Parlament bewilligten finanziellen Zuwendungen der *Civil List*. Es bedeutete aber auch: Kinder, die aus einer Ehe mit Peter Tonwsend stammten, hätten keinen Anspruch auf einen Rang in der Thronfolge.

Niemand kam dem jungen Paar zur Hilfe. Die Regeln einer, wie es der *Daily Mirror* formulierte, „staubigen Welt und längst vergessenen Zeit" wurden nicht außer Kraft gesetzt – weder vom Erzbischof von Canterbury, der es gar nicht gekonnt hätte, noch vom Parlament, das die Kraft, aber nicht das Rückgrat hatte. Und nicht von Elizabeth. In der Stunde von Margarets schlimmstem Konflikt, hin- und hergerissen zwischen dem Wunsch, mit dem Mann, den sie liebte, den Rest ihres Lebens zu verbringen, und der Aussicht, die Position, die ihr zustand und für die auch sie ihr verstorbener Vater erzogen hatte, aufgeben zu müssen, war die gekrönte und gesalbte Schwester keine Person, die ihr Zuspruch hätte geben können oder wollen.

Am 26. Oktober trafen sich Margaret und Peter zu einem entscheidenden Gespräch. Sie wurden sich darüber klar, dass ihnen keine gemeinsame Zukunft vergönnt war. Margaret informierte dann ihre Mutter und ihre Schwester – wie deren Reaktionen der Erleichterung aussahen, ist nicht bekannt. Randolph Churchill, des Ex-Premiers Sohn, wusste zu berichten, dass Margaret auch beim Erzbischof von Canterbury vorstellig wurde und ihn mit den Worten begrüßte: „Erzbischof, Sie können Ihre Bücher weglegen. Ich habe bereits einen Entschluss gefasst."[15] Diese Worte seien nie gefallen, erklärte der Mann Gottes später. Und auch dass von seiner Seite aus Druck ausgeübt wurde, bestritt er.

Wenige Tage später, am 31. Oktober 1955, unterbrach die BBC ihr Programm, um eine Erklärung Prinzessin Margarets zu verlesen: „Ich möchte bekannt geben, dass ich mich entschlossen habe, Group Captain Peter Townsend nicht zu heiraten. Mir war klar, dass eine Zivilehe möglich gewesen wäre, hätte ich auf meine Thronrechte verzichtet. Aber in Anbetracht der Lehre der Kirche, dass die christliche Ehe unauflöslich ist, habe ich entschieden, diese Überlegung allen anderen voranzustellen. Ich habe diese Entscheidung ganz allein getroffen und bin dabei durch die unerschütterliche Unterstützung und Hingabe von Group Captain Townsend bestärkt worden. Ich bin zutiefst dankbar für die Fürsorge all jener, die beständig für mein Glück gebetet haben."

Margaret wurde mit Sympathiebekundungen überschüttet. „Ihre Entscheidung", schrieb der *Manchester Guardian*, „die sichtbar eine Folge beständigen Druckes gewesen ist, wird von der großen Masse der Menschen als unnötig und vielleicht als große Verschwendung gesehen. Langfristig wird es nicht zur Glaubwürdigkeit und zum Einfluss jener beitragen, die am entschiedensten der Prinzessin jene Freiheit verweigert haben, die für ihre Mitbürger selbstverständlich ist."[16] Erleichterung darüber, dass eine Krise à la 1936 dank Margarets und Peters Opfer vermieden werden konnte, äußerte auch die Regierung Ihrer Majestät. Dieser stand als Premierminister im Herbst 1955 Anthony Eden vor, ein honoriger Mann, allseits geachtet und – geschieden.

Das Verhältnis der beiden Schwestern, die sich in ihrer Kindheit und Jugendzeit stets nahe gewesen waren, erhielt durch die Townsend-Affäre einen Knacks. Noch Jahre später, anlässlich des 10. Hochzeitstages der Queen, zischte Margaret ihr angeblich zu: „Es ist in Ordnung, dass Du zehn Jahre einer Ehe feierst. Aber dank Dir bin ich noch unverheiratet."[17]

Anmerkungen

1 Pimlott, S. 179.
2 Ebd., S. 184.
3 Ebd., S. 185.
4 Ebd., S. 184.
5 Bradford, S. 230.
6 Zit. n. Pimlott, S. 205.
7 Pimlott, S. 206.
8 Ebd., S. 207.
9 Zit. n. Pimlott, S. 213.
10 Zit. n. Lacey, S. 181.
11 Zit. n. Lacey, ebd.
12 Zit. n. Pimlott, S. 226.

13 Zit. n. Pimlott, S. 226/227.
14 Zit. n. Bradford, S. 227.
15 Zit. n. Lacey, S. 205.
16 Zit. n. Lacey, S. 206.
17 Zit. n. Spoto, S. 369.

In der Kritik

Im Rückblick auf ihre lange Regentschaft haben Historiker Elizabeth vorgeworfen, dass sie es versäumt hat, in den ersten Jahren, in denen die Begeisterung für die junge Königin und mit ihr für die Monarchie groß war, diese Institution zu reformieren. In der Tat änderte Elizabeth wenig an der Arbeitsweise des Palastes, an den sie umgebenden Mitarbeitern und sie vermittelte auch nicht den Eindruck, als würde die Monarchie sich jenseits des Zeremoniellen neue Aufgaben setzen. Doch das Empfinden, dass mit der neuen Monarchin keineswegs ein neuer Wind durch die Flure von Buckingham Palace wehte, ist nicht erst aus der Kenntnis um die weitere Entwicklung entstanden. Schon die Zeitgenossen – oder zumindest jene, die von einer Königin und einem vom Steuerzahler teuer alimentierten Hof mehr erwarteten als ein paar abgelesene Worte bei einer Schiffstaufe und einen würdevollen Auftritt bei Staatsbesuchen – begannen wenige Jahre nach der Thronbesteigung Fragen zu stellen. „Wird das Neue Elizabethanische Zeitalter ein Flop?", zweifelte der *Daily Mirror* im Oktober 1956. Der Honeymoon Elizabeths mit der öffentlichen Meinung war ganz offensichtlich vorüber.

Gerade die Rückschau auf das eigentliche Elizabethanische Zeitalter mündete in einen wenig vorteilhaften Vergleich mit der Gegenwart. Elizabeth I., die Begründerin des Empires, stand wesentlich intensiver in Kontakt mit Menschen unterschiedlichen sozialen Standes, ihr Hof war auch Talenten geöffnet, deren Stammbaum nicht jene Makellosigkeit aufwies, die erforderlich war, wollte man beim Derby in unmittelbarer Nähe zur zweiten Elizabeth dem Zielgalopp beiwohnen. Damals, im späten 16. Jahrhundert, war eine Königin namens Elizabeth „die Triebfeder der Entwicklung" gewesen, vierhundert Jahre später erschien sie Kritikern wie ein Beiwerk, dessen Existenzberechtigung sich nicht mehr ohne weiteres erschloss. „Die königliche Familie", so schrieb ein Beobachter, „hat jede Menge Zeit zur Verfügung: Ungefähr 30 Auftritte innerhalb von 90 Tagen ist kaum ein Genick brechendes Programm für eine Truppe, deren wesentliche raison d'être in öffentlichen Handlungen besteht."[1]

Der Aufsehen erregendste Angriff kam indes nicht von Seiten republikanisch gesinnter Kommentatoren oder vom Rande des linken Spektrums, sondern von einem Angehörigen der Hocharistokratie. In einem Artikel in der Augustausgabe 1957 der angesehenen Zeitschrift *The National and English Review* warf der Herausgeber, Lord Altrincham, dem Hof vor, dass sich rein gar nichts geändert habe und dass die Ankündigung eines neuen royalen Zeitalters reine Augenauswischerei gewesen sei. In einem Großbritannien, das immer facettenreicher und multikultureller werde, sei der Hof nach wie vor eine Enklave englischer Ladies und Gentlemen. Elizabeths Hofstaat würde ihr Worte in den Mund legen, die ihre Reden wie die Auftritte von Schulmädchen und Konfirmandinnen wirken ließen: „Wie ihre Mutter scheint auch sie nicht in der Lage zu sein, ein paar Sätze ohne ein vorgeschriebenes Manuskript aneinander zu reihen. Wenn sie die Blüte der Jugend verloren hat, wird die Reputation der Königin sich – weit mehr als das heute der Fall ist – auf ihre Persönlichkeit stützen. Das Erscheinungsbild allein wird dann nicht ausreichen. Sie wird Dinge zu sagen haben, an die die Menschen sich erinnern und sie wird Dinge aus eigenem Antrieb tun müssen, sodass die Menschen innehalten und aufmerksam werden. Bislang gibt es wenige Anzeichen dafür, dass sich eine solche Persönlichkeit entwickeln könnte."[2]

Mitten in der ereignisarmen Zeit der Sommerferien gedruckt, nahm die Presse Altrinchams Kritik dankbar auf. Was sonst nur einem kleinen und elitären Leserkreis zu Augen und Ohren gekommen wäre, wurde nun Gegenstand der Titelseiten. Der junge Lord, der übrigens kein Gegner der Monarchie war und ist, sondern sie nur zeitgemäßer erleben wollte, erhielt mehr Zuspruch, als er wohl selbst erwartet hatte. Eine

Umfrage des *Daily Mail* ergab hohe Zustimmungsraten, vor allem unter jüngeren Briten. Eine Mehrheit der Befragten aller Altersgruppen stimmte seiner Kernaussage zu, dass der engere Hofstaat Elizabeths auch für befähigte Untertanen außerhalb des Hochadels geöffnet werden sollte. Die Angehörigen des Letzteren schrien teilweise empört auf und forderten, wohl nur halb im Spaß, dass Altrincham erschossen (so der Earl of Strathmore) oder besser noch gehängt und geviertelt (ein Vorschlag des Duke of Argyll) werden solle. Wer solches Gedankengut verbreitet, braucht sich nicht zu wundern, wenn es auf fruchtbaren Boden fällt. Als Altrincham eines Abends nach einer Diskussion das Studio der BBC verließ, stellte sich ihm ein Mann in den Weg, schlug ihm mit aller Kraft ins Gesicht und rief dabei aus: „Nehmen Sie dies von der Liga der Empire Royalisten!" Der getreue Anhänger der Monarchie, ein etwas verwirrter Mr. Burbidge, hatte ein merkwürdiges Verständnis von Meinungsfreiheit.

Altrincham hatte außerdem auf einen Widerspruch hingewiesen, der zu den Merkwürdigkeiten im Leben Königin Elizabeths gehört – einer Frau, die um ihrer selbst und ihres Einsatzes für die Sache, an die sie glaubt, beliebt ist oder zumindest respektiert wird, die aber doch einem System vorsteht, das in einer modernen Demokratie so unzeitgemäß wirkt: „Ganz offen Stand und Privilegien in einer der Demokratie und dem Triumph der Klassenlosigkeit verpflichteten Zeit repräsentierend, steht die Krone für ein Klassensystem, für das Recht auf ererbten Wohlstand und Status. Der Monarch verkörpert nicht so sehr die Ambitionen eines Volkes als vielmehr die Aristokratie – all die Titel und Hierarchien, die einst England ausmachten, anstatt der gemischten Gesellschaft, die zu sein es beansprucht. In England ist ein Gentleman ohne Titel weniger als ein *knight*, dieser steht unter dem *baronet*, der wiederum steht unter dem *baron*, der steht unter dem *viscount*, der dem *earl* nachgeordnet ist, welcher weniger ist als ein *duke*, der unter dem *royal duke* steht und dieser verbeugt sich vor der Königin oder dem König. Nur der Vatikan hat eine vergleichbar strikte Hierarchie."[3]

Elizabeth war über die auf sie hereinprasselnde Kritik verärgert, Philip hingegen nahm es von der pragmatischen Seite: „Wir müssen das berücksichtigen. Es ist unser Job, dass das Geschäft der Monarchie funktioniert."[4] Doch zeigte die Kritik auch Wirkung? Der ehemalige Lord Altrincham, der 1963 seinem Titel entsagte und seither schlicht als John Grigg gilt, zog vierzig Jahre später eine ernüchternde Bilanz: „Die Propagandalüge jener Jahre war, dass ein neues, großes Elizabethanisches Zeitalter angebrochen war. Aber es ereignete sich überhaupt nichts Neues."[5]

Zu den hervorstechenden Eigenschaften Elizabeths und der Institution, der sie vorsteht, gehört das Standvermögen angesichts rauen Seegangs, das Vermögen, die Krisen zu überwinden, ohne von seiner Position wesentlich abzugehen. In Zusammenhang mit demokratisch gewählten Politikern (und einem von ihnen ganz besonders) hat sich dafür der Terminus „aussitzen" eingebürgert. Er charakterisiert ganz gut die Haltung, mit der die Königin auf unangenehme Herausforderungen reagierte und heute noch reagiert – möglichst gar nicht und wenn es denn unvermeidlich ist, mit einigen beruhigenden Gesten.

Politischer Ärger ...

Auch in der Politik war die Zeit freudigen Repräsentierens vorbei. Im Herbst 1956 glaubte England sich zusammen mit Frankreich und in Kooperation mit Israel ein geradezu neokolonial anmutendes Abenteuer erlauben zu können: die handstreichartige Landung am Suezkanal. Was als Intervention gedacht war, um den virulenten Nationalismus des ägyptischen Präsidenten Nasser in die Schranken zu weisen und den beiden ehemaligen Kolonialmächten wieder Zugang zu dem unter ihrer Ägide vor fast einhundert Jahren erbauten Kanal zu sichern, endete in einem diplomatischen Fiasko. Großbritanniens engster Verbündeter, die USA, schoben dem Abenteuer unmissverständlich einen Riegel vor. Präsident Eisenhower hatte erkannt, dass man im Zeitalter des Kalten Krieges nicht das Selbstbestimmungsrecht der Völker einfordern (das gerade zu dieser Zeit die sowjetischen Rivalen in Ungarn mit Füßen traten) und gleichzeitig Bomben auf ein verhältnismäßig armes Land wie Ägypten werfen konnte, mit dem man sich gar nicht im Krieg befand.

Inwieweit Queen Elizabeth in den Plan der Intervention am Suezkanal eingeweiht war, ist nicht ganz geklärt. Premierminister Anthony Eden berichtete fast zwanzig Jahre später, dass er ihr von den Vorbereitungen für die Militäroperation berichtet hatte, sie aber offenbar nicht sehr begeistert war. Wenn Elizabeth ihr „Recht, zu warnen" wirklich ausgeübt hat, ist es entweder nicht deutlich genug geschehen oder die Regierung Eden hat nichts darauf gegeben. Leidtragende waren sowohl Eden als auch die Königin. Der gesundheitlich ohnehin nicht stabile Premierminister war nun auch politisch angeschlagen und zog sich im November 1956 zur Erholung nach Jamaica zurück. Die Reise hatte nicht den gewünschten Effekt. Am 8. Januar 1957 erschien er zur Audienz bei Elizabeth und teilte ihr mit, dass er die Amtsgeschäfte nicht weiterführen könne.

Einen Hinweis darauf, wer sein Nachfolger werden sollte, gab er ihr angeblich nicht. Diesen Rat erteilten ihr hingegen bald darauf zwei hohe und natürlich hochadelige Würdenträger der Konservativen Partei, die zusammen mit Winston Churchill bei Elizabeth vorstellig wurden und die klare Empfehlung aussprachen, Harold Macmillan zu berufen – während die Presse gerade dessen innerparteilichen Rivalen Richard Austen Butler als künftigen Regierungschef präsentierte. Als Elizabeth in der Tat Macmillan berief, löste dies einen Aufschrei der Empörung bei Butlers Anhängern innerhalb der Konservativen Partei aus – und auch bei deren politischen Gegnern, erblickte man in der scheinbar vorschnellen Ernennung doch eine ungebührliche Entscheidungsanmaßung der Königin. Die Aufregung war etwas übertrieben, da sich Macmillan offenbar der Zustimmung der Mehrheit der konservativen Abgeordneten erfreute und somit die richtige Wahl war. Abermals jedoch blieb ein schaler Nachgeschmack: „Die Krone nahm Schaden bei diesem Rückschlag. Sie wurde als Bestandteil eines Phänomens identifiziert, das in den 1950er-

Jahren neu konzipiert wurde: dem Establishment, einer auf Entenjagd gehenden, für die Konservativen votierenden Oligarchie, die von der Satire als die Wurzel der nach Suez entstandenen nationalen Malaise porträtiert wurde."[6]

... und Gerüchte um Prince Philip

Privater Ärger kam hinzu. Philip weilte während der Suezkrise nicht im Lande, sondern befand sich an Bord der Königlichen Jacht *Britannia* auf einer „Dienstreise" für das Wohl des Commonwealths, die ihn auch zu den entlegensten Besitzungen der Krone führte und für die etwa fünf Monate vorgesehen waren. Dem Vergnügen – denn als solches empfand Philip das Zusammenkommen mit anderen Menschen und das fast an seine Marinezeit erinnernde Leben an Bord – schien ein Ende gesetzt, als man sich anlässlich der Suezkrise in der Admiralität in London erinnerte, dass die *Britannia* offiziell als Sanitätsschiff galt. Doch der Konflikt war so überraschend schnell wieder zu Ende, dass man das Schiff nicht in Richtung Heimat zurückrufen musste und Philip seine Reise ungestört fortsetzen konnte.

Eine derart lange Abwesenheit brachte unweigerlich die Presse auf Gedanken, die im Palast als völlig abwegig angesehen wurden. „Letzte Woche", berichtete das Nachrichtenmagazin *Time* im Februar 1957, „heulten die Winde der Gerüchte lauter durch den Buckingham Palast als jemals zuvor seit den Tagen von Wallis Warfield Simpson und Edward VIII."[7] Philip wurde mit geradezu zwanghaftem Automatismus eine Affäre mit fast jeder schönen Frau angedichtet, mit der er bei dieser Exkursion gesichtet wurde. Der Herzog von Edinburgh verwies jedoch stets darauf, dass doch keinerlei Intimität aufkommen könne, wenn man permanent ein halbes Dutzend Leibwächter im Schlepptau habe. In seiner gewohnt taktvollen Art erläuterte er dies einmal Prinz Bernhard der Niederlande: „Sie sind ein glücklicher Bursche, niemand erkennt Sie. Sie können so viel Freundinnen haben wie Sie wollen. Ich habe hingegen immer sechs Sicherheitsbeamte um mich herum."[8] Wie man sich vorstellen kann, war der ähnlich unterbeschäftigte Mann der holländischen Königin nicht gerade erfreut, als Allerweltsgesicht charakterisiert zu werden, das überdies zu unwichtig war, um beschützt zu werden.

Was immer sich Philip an Vergnügungen herausnahm, Elizabeth sah großzügig darüber hinweg. Das galt für seine feuchtfröhlichen Herrenrunden im so genannten *Thursday Club*, einer regelmäßigen Zusammenkunft mit ähnlich vitalen Freunden, wie auch für seine gelegentlichen verbalen Entgleisungen. Sie habe es aufgegeben, stöhnte sie einmal, als er wieder recht ruppig war. Vereinzelt brachte er aber auch die Queen aus der Fassung und diese herrschte ihn dann mit einem kurzen und innigen *Shut up!* an. Das wirkte meist, denn Philip kannte seinen Platz.

An seiner Verlässlichkeit als Berater, Kamerad und Gesprächspartner zu zweifeln, hatte Elizabeth nie Grund – ebenso wenig wie an seiner maskulinen Ausstrahlung. Philip legt zu Elizabeths Wohlgefallen stets Wert auf eine gepflegte, sportliche Erscheinung. Selbst heute noch ist der Herzog von Edinburgh, der kürzlich immerhin schon seinen 80. Geburtstag feierte, eine imposante Erscheinung. Hofbeobachter wissen zu berichten, dass die oft so beherrscht wirkende Königin nach wie vor für ein Kompliment aus seinem Mund über alle Maßen empfänglich ist.

Sämtliche Gerüchte straften auch die familiären Ereignisse Lügen, die nach mehr als zehnjähriger Ehe nicht wenige Briten überraschten. Man hatte sich weithin damit vertraut gemacht, dass auch bei den Windsors die bürgerliche Vier-Personen-Familie als Norm angesehen wurde, als im Herbst 1959 nach Rückkehr des Paares von einer Amerikareise verlautbart wurde, dass die Königin erneut – zehn Jahre nach der Geburt des letzten Kindes – schwanger war.

Am 19. Februar 1960 wurde zum ersten Mal seit der Geburt von Queen Victorias jüngster Tochter Beatrice anno 1857 wieder ein Kind einem regierenden Monarchen geboren: Prinz Andrew. Es war keineswegs das letzte derartige Ereignis. Am 10. März 1964 feuerten ebenfalls die Kanonen vor dem Buckingham Palace Salut für einen neugeborenen Prinzen.

Dieser wurde auf den Namen Edward getauft und vervollständigte, immerhin fast siebzehn Jahre nach der Eheschließung,
das Familienglück im Hause Windsor.

Anmerkungen

1 Zit. n. Spoto, S. 358.
2 Zit. n. Lacey, S. 227.
3 Spoto, S. 362.
4 Ebd., S. 361.
5 Ebd., S. 359.
6 Lacey, S. 217.
7 Zit. n. Bradford, S. 264.
8 Zit. n. Bradford, S. 267.

Die Sixties

„Meine Güte, ist es eine Freude, wieder ein Baby im Haus zu haben!"[1] Elizabeth empfand die Zeit nach Edwards Geburt vermutlich als die in Bezug auf ihre Kinder harmonischste ihres Lebens. Die beiden kleinen Buben Andrew und Edward gaben ihr noch einmal das Gefühl jung zu sein und sie dürfte es auch genossen haben, zwei (noch) unproblematische Prinzen um sich zu haben, während sich bei Charles allmählich Probleme manifestierten. Im Gegensatz zu ihren beiden älteren Geschwistern war Andrew und Edward verhältnismäßig viel Zeit mit ihrer Mutter vergönnt. Das hatten sie vor allem den technologischen Neuerungen zu verdanken, die das Reisen so viel schneller machten. Elizabeth brauchte die beiden kleinen Prinzen nicht annähernd so lange allein lassen wie einst Charles und Anne, sondern war bei Verpflichtungen im Ausland nach wenigen Tagen wieder zuhause – auch der Passagierflug war in das Jet-Zeitalter eingetreten und die Flugbereitschaft der Königin (*Queen's Flight*) erwies sich als effizienter, wenn auch nicht als ganz so romantisch wie die Kreuzfahrten mit der *Britannia*.

Und ihr Reiseprogramm hatte es nach wie vor in sich. Elizabeth II. wurde die weitest gereiste englische Königin; es steht sogar zu vermuten, dass sie im Laufe eines halben Jahrhunderts mehr Meilen zurücklegte, als jedes andere Staatsoberhaupt ihrer Epoche, den Papst eingeschlossen. Sie sah sich als Botschafterin Großbritanniens, seiner Tradition, seiner Werte und – so merkwürdig es angesichts eines erblichen, vom Volkswillen unabhängigen Amtes erscheinen mag – vor allem seiner Demokratie. Was immer an Kritik über das Königshaus hereinbricht – das Engagement, das diplomatische Geschick und vor allem auch die oft unglaubliche Kondition der Queen sind über jeden Zweifel erhaben.

*Das Hochzeitsfoto: Princess Elizabeth und Philip, Duke of Edin-
burgh, bei ihrer Hochzeit am 20. November 1947 im Thronsaal des
Buckingham Palace. Der Beginn einer langen Ehe und vertrauens-
vollen Zusammenarbeit im Dienste Großbritanniens.*

101

Die Fassade wird aufrechterhalten – doch nur mit Mühe: Gemeinsam mit ihren Kindern, den Prinzen William und Harry nehmen Charles und Diana 1995 an den Feierlichkeiten zum 50. Jahrestag des Endes des II. Weltkrieges teil.

Trotz Scheidung pflegt man weiterhin Kontakt: Prince Andrew und seine frühere Gemahlin Sarah Ferguson 1999 mit den Töchtern Eugenie (l.) und Beatrice beim Skifahren in der Schweiz.

, Juni 1997: Queen Elizabeth II. in einer Pferdekutsche auf dem Weg zur
George's Chapel in Windsor Castle, wo ein Gottesdienst des „Order of the
irter" (Hosenbandordens) stattfindet, dessen Insignien sie trägt.

Anne, the Princess Royal, hat sich auf Grund ihres Engagements u. a. für den Hilfsfond „Save the Children" die Hochachtung nicht nur der Briten erworben. Bei einem Besuch Westafrikas 1998 wird sie von Häuptlingen in der Republik Elfenbeinküste am Flughafen von Abidjan empfangen.

Am 18. Juli 2000 kamen Elizabeth II. und Prince Philip in die deutsche Hauptstadt, um das neue britische Botschaftsgebäude zu eröffnen. Bei ihrer Ankunft wurden sie von zahlreichen begeisterten Berlinern begrüßt.

Reisen in die USA, nach Afrika und Indien

Noch vor der Geburt Andrews feierte Elizabeth II. 1957 in den USA, die sie nun zum ersten Mal als Königin besuchte, wahre Triumphe. Tausende von Reportern und Fotografen begleiteten die Queen und Philip auf ihren verschiedenen Stationen. Die Stadt New York veranstaltete eine Konfettiparade, die alles bisher Dagewesene inklusive Charles Lindberghs legendärem Triumphzug in den Schatten stellte. Die Amerikaner, Republikaner mit einer heimlichen Begeisterung für royalistischen Pomp, waren von der jungen Königin fasziniert und bemerkten zu ihrem Erstaunen, dass ihr Präsident als Repräsentant der „Neuen Welt" im Vergleich zu Elizabeth sprichwörtlich alt aussah. Dwight D. Eisenhower, der gerade einen Herzinfarkt überwunden hatte und einen großen Teil der noch vor ihm liegenden Amtsperiode auf dem Golfplatz verbrachte, war wie auch sein Vorgänger Truman von Elizabeth äußerst angetan und nahm hocherfreut eine Einladung nach Großbritannien an. Der US-Präsident und seine Frau Mamie, deren ausgeprägte Vorliebe für die angeblich im Weißen Haus allgegenwärtige Farbe Pink die Queen nicht teilte[2], gehörten zu den ganz wenigen ausländischen Gästen, denen es vergönnt war, zusammen mit der königlichen Familie auf Schloss Balmoral Weihnachten zu feiern.

Elizabeths Reisen galten nicht nur eng befreundeten Staaten wie den USA oder Frankreich, wo sich Präsident de Gaulle von seiner charmantesten Seite zeigte, ohne indes von seiner ablehnenden Haltung gegenüber Großbritanniens Beitritt zur Europäischen Gemeinschaft abzugehen. Ihr Interesse galt vor allem jenen Ländern, um die in diesen Jahren des Kalten Krieges geworben werden musste, wollte man sie nicht in die Einflusssphäre der Sowjetunion entgleiten sehen. Ganz besonders die Länder des Commonwealth lagen ihr am Herzen, die Rolle des Staatsoberhauptes bedeutete Elizabeth stets mehr, als nur ihr Profil auf deren Briefmarken abgebildet zu sehen.

1961, als die Konfrontation zwischen Ost und West einem Höhepunkt entgegenging, unternahm Elizabeth mit ihrem Gemahl zwei ausgedehnte Reisen nach Afrika und Indien. In

Indien wurde die Zahl der Zuschauer auf mehr als eine Million geschätzt. Der Queen gelang es, die Gespräche mit den Politikern des Subkontinents in einer Atmosphäre zu führen, die keinerlei Bitterkeit wegen des erst relativ wenige Jahre zurückliegenden und von der englischen Kolonialmacht nicht immer mit friedlichen Mitteln beantworteten indischen Unabhängigkeitsstrebens aufkommen ließ. Für negative Schlagzeilen sorgte dagegen Prince Philip, der bei einer Jagd im Stile der Maharadschas einen riesigen Tiger erlegte – eine bedrohte Spezies, für deren Überleben er sich später in seinen langen Dienstjahren als Schirmherr des *World Wildlife Fund* mit Nachdruck einsetzte.

Der anschließende Abstecher nach Nepal war ein exotisches, für Elizabeth und Philip unvergessliches Erlebnis. Der nepalesische König hatte nicht weniger als 300 speziell für die Jagd ausgebildete Elefanten aufgeboten und ein Zeltlager für den Empfang der britischen Gäste errichten lassen, das nicht nur von blendender Pracht war, sondern auch – im wahrsten Sinne des Wortes – auf einer soliden Basis stand. Man hatte nämlich den Boden in einer Tiefe von mehr als einem Meter und einer Ausdehnung von mehr als drei Quadratkilometern vollständig abgetragen, um das Areal schlangen- und insektenfrei zu machen. Darauf hatte man einen „englischen" Rasen angelegt und diesen nicht nur konstant bewässert, sondern auch noch ausgiebig mit DDT behandelt.

Politisch brisant war Elizabeths Reise nach Ghana im November 1961. Der Präsident dieses ersten ehemals zum britischen Empire gehörenden Landes Schwarzafrikas, das seine Unabhängigkeit errungen hatte, Kwame Nkrumah, war nicht nur offenbar kein Freund der parlamentarischen Demokratie, sondern schien überdies nach einem Besuch in der Sowjetunion diesem Paradies der Werktätigen zuzuneigen. Auf Grund von Unruhen in Ghana und einer zunehmend instabileren Situation wurden Stimmen in der britischen Regierung und am Hof laut, die der Königin eine Absage des Besuches nahe legten. Elizabeth wollte jedoch nichts davon wissen; sie hatte überdies Nkrumah ihr Wort gegeben, dass sie sein Land besuchen würde, nachdem ein erster geplanter Termin wegen der bevorstehenden Niederkunft mit Andrew abgesagt worden war. Würde sie nicht albern aussehen, entgegnete Elizabeth, wenn sie Angst vor einem Besuch Ghanas hätte und dann Chruschtschow dort einen freundlichen Empfang haben würde? Premier Macmillan vertraute seinem Tagebuch an: „Die Queen ist fest entschlossen. Sie ist dankbar für die Sorgen der Parlamentarier und der Presse wegen ihrer Sicherheit, aber sie wird ungeduldig, weil man ihr gegenüber eine Haltung an den Tag legt, sie ausschließlich als Frau oder wie einen Filmstar, ein Maskottchen zu behandeln. Sie hat großes Vertrauen in die Arbeit, die sie vor allem mit dem Commonwealth leisten kann. Sie liebt ihre Pflicht und will eine Königin sein und nicht eine Puppe."[3]

Der Besuch war schließlich ein großer Erfolg, die Ghanaer jubelten Elizabeth zu und selbst die dortige marxistische Zeitung nannte sie die bescheidenste und liebenswerteste aller Souveräne, um sie dann mit der ultimativen Auszeichnung zu schmücken: „Der Welt größter sozialistischer Monarch aller Zeiten."[4]

Erster Deutschlandbesuch der Queen

Von ganz anderer Qualität war ihr Besuch in der Bundesrepublik Deutschland im Jahr 1965. Es war der erste eines britischen Monarchen seit der Zeit vor dem Ersten Weltkrieg in einem Land, in dem die Königsfamilie vielfältige genealogische Wurzeln besaß und darüber hinaus eine Vielzahl von Verwandten, mit denen man in der jüngsten Vergangenheit – das betraf vor allem Philips Schwestern und deren Familien – nicht hatte gesehen werden wollen. Auch bei diesem Unternehmen hatte die Queen Widerstände zu überwinden. Die britische Boulevardpresse nahm den zwanzig Jahre zurückliegenden Krieg zum Anlass, ihrer Abneigung gegen Deutschland Ausdruck zu verleihen – ein Reflex, der auch fast ein Menschenalter später in manchen Redaktionen noch wach gehalten und bei passender Gelegenheit aktiviert wird. Die Leute, die die Queen besuchen wolle, zischte der *Daily Express*, hätten einem doch gerade noch das Messer an die Kehle gesetzt.

Bei allem Sinn für Tradition hat sich Elizabeth stets freigehalten von überkommenen Ressentiments; auf Staatsbesuchen zeigte sie sich vielmehr neuen Eindrücken gegenüber aufgeschlossen und höchst lernfähig. Der Deutschlandbesuch war ein ungeheurer Erfolg, die Menschen säumten zu Tausenden die Straßen, ob im Ruhrgebiet oder auf der Düsseldorfer „Kö", die Elizabeth bei strahlendem Sonnenschein im offenen Wagen entlangfuhr – oder in Berlin. Eine Begeisterung, wie die Queen sie entfachte, hatte die geteilte Stadt nur einmal, beim vier Jahre zurückliegenden Besuch von John F. Kennedy, erlebt. Einigen ihrer Begleiter war die Ekstase der Menge, die mit ihren „Elisabeth"-Rufen die Königin minutenlang nicht zu Wort kommen ließen, des Guten zu viel. Vor allem die erfahreneren Diplomaten und Deutschlandexperten in Elizabeths Entourage erinnerten sich daran, dass man hier in Berlin ganz anderen Figuren ähnlich begeistert zugejubelt hatte.

Der Königin Miene drückte Missbilligung aus, als sie aus ihrem Wagen stieg und einen Blick auf das monströse Bauwerk warf, das die Stadt teilte und die Berliner trennte. An der Verpflichtung Großbritanniens für die Menschen im freien Teil der Stadt gab es für sie nie einen Zweifel. Als 24 Jahre später die Mauer fiel, war Elizabeths Freude über den friedlichen Wandel in Mitteleuropa groß – sehr im Unterschied zu den zwiespältigen Gefühlen, die dann ihrer Premierministerin Margaret Thatcher den Schlaf rauben sollten.

Mit einem milden Lächeln quittierte Elizabeth den parteipolitischen Streit, der im kurz vor einer Bundestagswahl stehenden Gastgeberland beim Berlinbesuch ausgetragen wurde: Kanzler Ludwig Erhard wollte die Königin begleiten, doch dieses Recht beanspruchte auch Willy Brandt, der Regierende Bürgermeister von Berlin und Kanzlerkandidat der Sozialdemokraten, für sich. Nach schier endlosem Hin und Her einigte man sich auf einen Kompromiss, der beide Politiker im Wagen der Queen sah – auf rückwärts gerichteten Hilfssitzen, sozusagen im Schatten Elizabeths. Auf der Fahrt wechselten Erhard und Brandt angeblich kein einziges Wort miteinander.

Popkultur und Profumo-Affäre

Die Sechziger Jahre waren eine Epoche, in der Großbritannien für das zeitgenössische Lebensgefühl, vor allem jenes der jüngeren Generation, plötzlich eine Art Meinungsführung übernahm. Die Beatles waren das Phänomen ihrer Zeit, gefolgt von anderen Popmusikgrößen wie den Rolling Stones. Plötzlich war Großbritannien nicht länger das Land des vor sich hinrostenden Industriegürtels, sondern das Eldorado der Kunst, der Mode, der wilden Parties und des Flairs einer ganzen Epoche, der *sixties*, die man mit Attributen wie wild, verrückt und revolutionär belegte. England war plötzlich *cool* und mit ihm London und vor allem jene Schauplätze, die man mit der Popkultur in Verbindung brachte. Das nationale Selbstwertgefühl erreichte einen Höhepunkt, als die englische Fußballnationalmannschaft 1966 im Wembley-Stadion Weltmeister wurde. Über dieser berauschenden Transformation eines eher als *stiff* angesehenen Landes thronte eine Königin, die zwar nicht Vorreiterin des Wandels war, aber ohne größeres Zutun zu einem Symbol der Verjüngung Britanniens wurde.

Die inzwischen vierzigjährige Queen folgte zwar nicht dem Trend, plötzlich in weit ausgestellten, geblümten Hosen und mit Blumen im Haar aufzutreten, den Neuerungen konnte sie nichtsdestotrotz einiges abgewinnen. Ohnehin für Opern oder Kammermusik wenig empfänglich, verfolgte sie die Weltkarriere der Beatles mit Wohlwollen. Deren Song *Yellow Submarine* gehört dem Vernehmen nach zu ihren Lieblingsstücken aus dem Œuvre der vier Liverpooler. Der Empfehlung, dem Quartett für seine Verdienste um die britische Außenwirtschaft einen Verdienstorden zu überreichen, kam sie denn auch prompt nach – es gehört zur Legendenbildung jener Jahre, dass John Lennon bei diesem Anlass auf einer Toilette des

Buckingham Palace erst einmal in aller Ruhe einen Joint geraucht hat.

Auch in der Politik waren die Sitten recht locker geworden. Der Verteidigungsminister Ihrer Majestät, John Profumo, verkehrte mit der gleichen Hure (Christine Keeler) wie der sowjetische Militärattaché Yevgeny Ivanow. Der Skandal erschütterte 1963 die Regierung Macmillan in ihren Grundfesten. Doch auch Elizabeths eigenes Umfeld war nicht frei von den Auswirkungen des Kalten Krieges. Zu ihrem nicht gelinden Entsetzen musste die Queen vernehmen, dass der allseits geschätzte Kunsthistoriker und Kurator der Königlichen Gemäldesammlung, Sir Anthony Blunt, 1964 plötzlich als KGB-Spion decouvriert wurde. Blunt gehörte einem Spionagering distinguierter ehemaliger Cambridge-Absolventen an, die am dortigen Trinity College auf Grund ihrer gemeinsamen homosexuellen Neigungen und ihrer Verehrung für das Sowjetsystem zusammengefunden hatten. Während die beiden wichtigsten Mitglieder des Spionageringes, Kim Philby und Guy Burgess, nach Moskau entfliehen konnten, kam die englische Spionageabwehr mit Blunt zu einer Vereinbarung. Sir Anthony „sang wie ein Kanarienvogel" und gab die Namen von Verbindungsleuten preis, dafür durfte er nicht nur straffrei, sondern auch in Amt und Würden bleiben. Er beaufsichtigte bis zur Pensionierung 1972 Elizabeths Gemälde.

Die Profumo-Affäre und die eigene angeschlagene Gesundheit hatten Harold Macmillan im Oktober 1963 zum Rücktritt gezwungen. Sein Nachfolger wurde Sir Alec Douglas, der vierzehnte Earl of Home. Für Kritiker war die Berufung eines Mannes aus einer angesehenen und mit einem auf Jahrhunderte zurückgehenden Stammbaum ein weiterer Beleg dafür, wie verkrustet die Strukturen des „Establishments" waren.

Der Wandel, der allüberall in Britannien in der Luft lag, machte aber auch vor dem Parlament nicht Halt. Bei der Unterhauswahl im Oktober 1964 erhielt die Labour Party eine deutliche Mehrheit. Mit Harold Wilson wurde zum ersten Mal ein Politiker Premierminister Elizabeths II., der nicht der Aristokratie entstammte oder mit ihr verbunden war. Wilson war ein Vertreter der Mittelklasse, ausgestattet mit Witz,

Schlagfertigkeit und gesundem Menschenverstand. Wer ge-
glaubt hätte, die Zusammenarbeit der Königin mit einem
Mann, der seine Wurzeln in einer so gänzlich anderen Gesellschaftsschicht hatte, würde schwierig werden, sah sich ge-
täuscht. Die Königin und der Labour-Premier verstanden sich
prächtig. „Harold kam sehr gut mit der Queen zurecht und
sie ihrerseits mochte ihn sehr", erinnert sich ein Mitarbeiter
Wilsons. „Seine Audienzen bei ihr wurden länger und länger.
Einmal war er zwei Stunden bei ihr und wurde auf ein paar
Drinks eingeladen. Normalerweise sehen die Premierminister
sie für zwanzig oder dreißig Minuten und es ist ganz und gar
nicht üblich, dass ihnen von der Monarchin etwas zu Trinken
angeboten wird."[5]

Hier offenbart sich ein Grund für die – trotz aller gelegentlichen Kritik – erfolgreiche Regentschaft Elizabeths. Sie hat
sich stets als über den Parteien stehend erwiesen und niemals
(im Gegensatz zu manchen ihrer deutlich den Konservativen
zuneigenden Angehörigen) eine Präferenz für die eine oder andere Ideologie erkennen lassen. Barbara Castle, eine Ministerin
im Kabinett Wilson, sagte über Elizabeth: „Ich respektierte sie
als einen wirklichen Profi. Sie war sehr gewissenhaft, machte
ihre Hausaufgaben. Ich habe besonders ihre Fähigkeit bewun-
dert, sich auf wechselnde Reaktionen, auf neue Minister und
Regierungen einzustellen."[6]

Anmerkungen

1 Zit. n. Bradford, S. 325.
2 Siehe dazu auch: Ronald D. Gerste. Die First Ladies der USA, Regensburg
2000.
3 Harold Macmillan: Pointing the way. London 1972, S. 472.
4 Zit. n. Bradford, S. 298.
5 Zit. n. Bradford, S. 319.
6 Zit. n. Bradford, S. 321.

Die „Chefin der Firma Windsor"

Queen Elizabeth ist nicht nur ein Staatsoberhaupt, sondern auch das Oberhaupt einer sich unter kontinuierlicher Aufmerksamkeit der Öffentlichkeit befindlichen Familie. Es dürfte diese Funktion sein, die ihr bei weitem mehr graue Haare verursacht hat als die Aufgabe, Großbritannien und seine Tradition zu repräsentieren.

Die Schwester der Königin

In ihren frühen Jahren auf dem Thron konzentrierte sich die Aufmerksamkeit der Reporter vor allem auf Margaret, deren Opfergang, eine große Liebe zu Gunsten von Staatsraison und der Stellung als königliche Prinzessin aufzugeben, der Stoff ist, aus dem antike Tragödien und moderne Schlagzeilen gemacht sind. Man sah einen merkwürdigen Kontrast zwischen den beiden Schwestern: Elizabeth galt als die verantwortungsbewusstere, unemotionalere, eben: staatstragendere, Margaret war die lebhaftere und scheinbar weniger gefestigtere. Dass das Verhältnis zwischen beiden seit der Townsend-Affäre gelitten hatte, galt als Faktum, und gelegentlich machten patzige Bemerkungen Margarets gegenüber der Königin die Runde wie jene: „Du kümmerst Dich gefälligst um Dein Empire und ich kümmere mich um mein Leben!"[1], als Margaret nach Elizabeths Empfinden etwas zu heftig mit einigen jungen Marineoffizieren flirtete.

Immerhin verdankte Margaret ihrer Schwester dann doch eine Wende zum – wenn auch nur vorübergehenden – Besseren in ihrem Leben. Elizabeth und Philip beauftragten Anthony Armstrong-Jones, einen jungen Fotografen, der als aufsteigen-

der Star der Londoner Kulturszene galt, damit, einige Porträt-
fotos von Anne und Charles zu machen. Margaret fand Gefallen an dem kleinen, aber gut aussehenden und geistreichen
Mann, der, anders als Townsend, fast gleich alt war wie sie.
Armstrong-Jones hatte keinerlei Adelsnamen unter seinen
Vorfahren aufzuweisen, war aber zumindest nicht geschieden – im Gegensatz zu seinem Vater, einem Anwalt, der es
immerhin auf drei Ehen gebracht hatte. Anthonys durchaus
aufwendiger Lebensstil in einem von Künstlern, Designern
und Fotografen geprägten Jetset machte ihn im Vergleich zu
den in Buckingham Palace ein- und ausgehenden Höflingen
geradezu zu einem Paradiesvogel – und damit für die nach
Unkonventionalität dürstende Margaret interessant.

Man traf sich heimlich und dann auch zunehmend in der
Öffentlichkeit, meist beim Besuch kultureller Veranstaltun-
gen wie Theater- und Musicalaufführungen (von denen Elizabeth bekanntlich nicht allzu viel hielt). Im Buckingham Palace
sahen sich die beiden zusammen private Filmvorführungen
an. Als einer der Bediensteten beobachtete, dass die Prinzessin
und der Szenefotograf dabei Händchen hielten, verkaufte er
diese Sensation an eine dankbare Boulevardpresse (musste sich
jedoch augenblicklich nach einem neuen Arbeitsplatz um-
sehen).

„Margaret und Tony" – es war das Gesprächsthema der
Medien, für die Elizabeth mit ihrem eher ruhigen Privatleben
vergleichsweise langweilig wirkte. Das junge Paar wurde allerdings auch auf Schickeria-Parties gesehen, bei denen nicht nur
übermäßiger Alkoholgenuss und Drogenkonsum eine wesentliche Rolle spielten. „Was Tony", so erinnert sich ein Freund
des Fotokünstlers, „am meisten mit Margaret verband, lässt
sich in drei Worte fassen: Sex, Sex, Sex."[2]

Elizabeths Gefühle wegen des neuen Mannes in Margarets
Leben dürften recht gemischt gewesen sein, doch der Schwester abermals das Glück (das sie nun bei Armstrong-Jones endlich zu finden schien) zu versagen, hätte bedeutet, den Bogen
weit zu überspannen. Es war schon schlimm genug, dass sich
das Kabinett mit der Tatsache beschäftigen zu müssen glaubte,
dass Tonys Vater mehrfach geschieden war. Tony hatte aller-

dings eine einflussreiche Verbündete. „Hinter den Kulissen", so beschreibt es Donald Spoto in seinem amüsant-hintergründigen Buch über den (angeblichen) Abstieg und Fall des Hauses Windsor, „stand die Queen Mum, einflussreicher denn je. Aufs Höchste daran interessiert, endlich auch ihre jüngere Tochter glücklich zu sehen, setzte sie sich zu Gunsten der Tony–Margaret-Beziehung ein. Seit sie sich den Duke of York geangelt hatte, war Elizabeth Bowes-Lyon die machtbewussteste Designerin der Märchen-Monarchie. Sie hatte lächelnd die Fotografen während des Krieges bei ihren Besuchen im East End in Stellung gebracht, war eine Regisseurin hinter den Kulissen bei vielen, die Krönung betreffenden Details, und sowohl Philip als auch Elizabeth suchten wiederholt ihren Rat. Nun dehnte sie die Familie auf diesen beliebten, glänzenden jungen Mann aus."[3]

Die Widerstände, die Margaret und mit ihr die Queen Mum zu überwinden hatten, waren groß, denn nicht überall kam Armstrong-Jones gut an, und die *Sunday Times* nannte ihn unverhohlen einen höchst ungeeigneten Kandidaten. Vielleicht hat es Margarets Entscheidung, die Ehe mit Tony einzugehen, beschleunigt, als sie hörte, dass ihre ehemals große Liebe, Peter Townsend, geheiratet hatte. Der Jagdflieger war sich in einer Hinsicht treu geblieben: Seine aus Belgien stammende Frau war mit zwanzig Jahren deutlich jünger als er und damit sogar noch jünger als es Margaret in Relation zu ihm gewesen war.

Margarets und Tonys Verlobung wurde im Januar 1960 bekannt gegeben. Bis zur Vermählung am 6. Mai des Jahres mussten noch einige kleine Missgeschicke überwunden werden, wobei die Suche nach einem Trauzeugen von Seiten Tonys besonders bizarr war. Der erste Kandidat für den Posten, ein Millionenerbe namens Jeremy Fry, wurde als nicht angemessen befunden, nachdem seine homosexuellen Neigungen bekannt wurden. Der nächste, der für die Rolle als Tonys *best man* ausersehen war, hieß gleichfalls Jeremy und war, wie es der Zufall wollte, ebenfalls homosexuell – was einer breiten Öffentlichkeit erst viele Jahre später bekannt wurde, als Jeremy Thorpe inzwischen zum Parteichef der Liberalen aufgestiegen war. So kam der dritte Kandidat zum Zug, ein gewisser Roger Gilliat, der offenbar nicht nur über die gesellschaftlich akzeptierte sexuelle Orientierung verfügte, sondern darüber hinaus der Sohn von Elizabeths Hofgynäkologen war.

Die merkwürdige Häufung von Herren mit gewissen Präferenzen im Privatleben bei dieser Personalentscheidung Tonys kam vielleicht nicht ganz von ungefähr. In späteren Jahren, als die Ehe mit Margaret bereits gescheitert war, wussten die Gesellschaftskolumnisten zu berichten, dass er nicht nur den bekannt schwulen Ballettmaestro Rudolf Nurejew geküsst hatte, sondern auch bei Presseterminen auf seinem Landsitz in Margarets Abwesenheit den Reportern „einen entzückenden Hausgast, einen jungen Mann von außergewöhnlicher Schönheit"[4] vorstellte.

Vor allem Philips Onkel Louis Mountbatten blickte mit kaum verhohlener Verachtung auf den Künstler, der zu seinem Missfallen so denkbar wenig Militärisches an sich hatte. Dass Armstrong-Jones bei einem Empfang im *Imperial War Museum*, bei dem Uniformen dominierten, im extravaganten, seidenbestickten Valentino-Sakko und rosafarbenen Hemd auftauchte, brachte den maritimen Lord fast um die Contenance.

Noch aber war alles eitel Sonnenschein. Als Margaret und Tony nach ihrer Trauung in Westminster Abbey am 6. Mai 1960 die Kirche verließen, wurden sie von einer unüberschaubar großen Menschenmenge begeistert gefeiert. *We want Margaret!* skandierten Abertausende. Es war Ausdruck der Freude darüber, dass der Prinzessin nach ihrer romantischen Entsagung nun endlich privates Glück beschieden war. Es war gleichzeitig aber auch das erste Mal seit der Thronbesteigung Elizabeths, dass sie selbst von einem Mitglied der eigenen Familie in den Hintergrund gedrängt wurde.

Das jung verheiratete Paar mietete sich zu einem eher symbolisch zu nennenden Preis im Kensington Palace ein, wo es insgesamt 21 Zimmer beanspruchte. Bevor sich bei Margaret erstmals Nachwuchs einstellte, nobilitierte Elizabeth ihren Schwager schnell, auf dass die Kinder unzweifelhaft und vom beiderseitigen Erbgut von Adel sein konnten. Der frisch gebackene Earl of Snowdon erfreute sich mit seiner Frau bald der Geburt eines Sohnes David Albert Charles (geb. 3. November 1961) und einer Tochter Sarah Frances Elizabeth (geb. 1. Mai 1964.

Zu Margarets und Tonys Pech ließ das Interesse der Medien an ihrem gemeinsamen Leben nicht nach. „Praktisch vom ersten Tag ihrer Ehe an wurde die Presse, gefüttert durch schmierigen Gesellschaftsklatsch, zu einem Eindringling in ihrem Privatleben", schreibt ein Historiker des Königshauses.[5] So waren klickende Kameras allgegenwärtig, wo das Paar auftrat, Journalisten vermeldeten detailliert, wenn einer ohne den anderen bei einer Party, einer Vernissage, einem Renntag gesehen wurde. Das Paar lebte sich allmählich auseinander. Man tauschte schließlich Gemeinheiten aus; Tony ließ in einer Schublade eine Botschaft des nicht gerade aufmuntern-den Inhalts für Margaret liegen: „Du siehst aus wie eine jüdi-sche Maniküre und ich hasse Dich".[6]

Schließlich kam es zu außerehelichen Beziehungen, von de-nen sich Margaret die Aufsehen erregendste leistete. Ihr Lover, der für die sensationslüsternen Gazetten ab Frühjahr 1973 ein Geschenk des Himmels war, hieß Roderick Llewellyn – genannt Roddy – und wirkte wie eine Art Spät-Hippie. Sein Ohrring und seine Neigung zum mit Ketten versehenen Leder-Outfit wären zwanzig Jahre später in der Welt der sich mit bizarren Neigungen beschäftigenden Bekenner-Talkshows nicht weiter aufgefallen, in den frühen Siebzigern galt diese Stilrichtung indes noch als sehr exotisch. Roddy war ein freundlicher, gut aussehender Mann, der volle achtzehn Jahre jünger als die Prinzessin war. Mit der Tatsache, dass er sich plötzlich auf den Titelseiten der Boulevardblätter wiederfand, kam er indes nicht so ganz zurecht. Mehrfach unternahm er Fluchtversuche, tauchte in der Türkei oder in der Karibik buchstäblich ab und benötigte phasenweise ebenso psychiatri-schen Zuspruch wie Margaret. Diese wurde immer instabiler. Einen Freund, der gerade eine Party gab, rief sie an und forderte ihn auf, sofort zu ihr zu kommen, da sie sich sonst aus dem Fenster stürzen würde. Der Freund verständigte die Köni-gin von der Drohung und Elizabeth entgegnete daraufhin mit typisch britischem Humor: „Mach ruhig mit Deiner Party weiter. Ihr Schlafzimmer ist im Erdgeschoss."[7]

Zu Margarets Verdruss mag beigetragen haben, dass Tony nicht nur ihrer Aufforderung, aus „ihrem Haus" (Kensington Palace) zu verschwinden, nicht nachkam, sondern unter dessen Dach auch noch eine Affäre mit einer anderen Frau, Lucy Lindsay-Hogg, begann. Als Anfang 1976 Fotos erschienen, die die alternde Prinzessin am Swimmingpool an der Seite Roddys zeigten, wurde die Farce einer Ehe nicht länger aufrechterhalten. Eine öffentliche Verlautbarung des Kensington Palace sprach kurz darauf von dem Entschluss des Paares, getrennt voneinander zu leben und dass Prinzessin Margaret künftig ihre öffentlichen Funktionen nicht mehr in Begleitung des Earl of Snowdon wahrnehmen werde. Pläne für ein Scheidungsverfahren gäbe es jedoch nicht.

Als die Affäre mit Roddy nach weiterem vierjährigem Auf und Ab schließlich zu Ende ging, stürzte dies beide in eine Krise. Margaret trank zu viel, Roddy auch – wenngleich nicht mehr gemeinsam mit der Prinzessin. Margaret landete schließlich mit ruinierter Leber in der Klinik. Als ob die Neigung zum Alkohol nicht genug war, hatte sie zudem die Windsorsche Leidenschaft für das Rauchen geerbt, die ihren Vater in ein frühes Grab gebracht hatte. Auch Margaret zahlte einen hohen Preis: Bereits 1974 war ihr ein Teil der Lunge wegen Krebsbefalls entfernt worden.

Auch diese Tragik konnten nichts daran ändern, dass ihr Image in den 70er-Jahren das schlechteste der Familie war und monarchiefeindliche Politiker stets dann auf ihren Lebensstil verwiesen, wenn um die neuerliche Festsetzung der *Civil List*, der Zuwendungen für das Königshaus aus Steuerzahlers Kosten, gestritten wurde. Nur wenige hatten wirklich Mitleid mit Margaret: „Die erste königliche Lady von sexueller Abenteuerlust, benahm sie sich, als wäre sie von allen Einengungen befreit und wurde eine tragische Figur unter den Windsors, einsam und pathetisch. Da sie nicht die Anlage hatte, sich irgendeiner großen Sache zu widmen, wurde sie nur ein Objekt des Gesellschaftsklatsches. Es ist unmöglich sich vorzustellen, wie ihr Leben verlaufen wäre, hätte sie Peter Townsend geheiratet. Aber die simplen Freuden häuslichen Lebens sind selten genug für jene, die in königlichem Purpur geboren wurden."[8]

Das Scheitern der Ehe Margarets, die im Juli 1978 geschieden wurde, und die sich häufenden Skandalgeschichten müssen Elizabeth II. nicht unberührt gelassen haben. Margarets Kinder waren ihr ans Herz gewachsen und auch ihre Gefühle für ihre vom Pech verfolgte Schwester hatten sich in ihrem Kern sicher nicht gewandelt. Elizabeth mag sich der innigen Beziehung erinnert haben, die sie in früheren Jahren stets zu Margaret gehabt hatte, und versuchte ihre herausgehobene Stellung zu nutzen, um sie vor vermeintlich schlechten Einflüssen zu schützen. Das zeigte sich auch bei Margarets 50. Geburtstag im Jahr 1980, als Elizabeth darauf bestand, dass Roddy keineswegs eingeladen werden dürfe. Nach endlosem Hickhack einigte man sich auf einen Kompromiss: Roddy durfte ab halb Elf des Abends bei der Feier dabei sein, wenn das Dinner im fast ausschließlich aristokratischen Kreis vorüber war.

Das endgültige Ende der Beziehung zu Roddy, der seine „Popularität" zu nutzen suchte, um Karriere als Popsänger zu machen (ein Unternehmen, das mangels Talent zum Scheitern verurteilt war), kam im Jahr darauf, als er heiratete. Ihm und nicht der Prinzessin war das glückliche Ende, das zu jedem Märchen gehört, beschieden – er lebt heute mit Frau und Kindern in einem hübschen Cottage auf dem Lande und hat sich als Gartendesigner einen Namen gemacht.

Die Royals als „Fernsehstars"

Das Familienleben im Hause Windsor war längst ein öffentliches Spektakel geworden. An dieser Entwicklung waren Elizabeth und ihr Hof allerdings nicht ganz unschuldig, denn 1969 hatte man den Rubikon überschritten und Fernsehkameras aus freien Stücken Einblick in eben dieses Familienleben gegeben. Diese Öffnung war zurückzuführen auf den Wachwechsel, der sich in Elizabeths Pressesekretariat vollzogen hatte. Colville war nach zwanzig Dienstjahren in einem Amt, für das er als Marineoffizier nicht ausgebildet war und für das ihm die Feinfühligkeit fehlte, in den Ruhestand gegangen. Ihm folgte der aus Australien stammende William Heseltine. Er hatte – ganz im Gegensatz zu seinem Vorgänger – erkannt, dass der Palast die Presse nicht als Übel ansehen durfte, von dem nur Komplikationen ihren Ausgang nahmen, sondern dass die königliche Familie auf die Kooperation der Medien angewiesen war. Es war eine Kehrtwende um 180 Grad. Als einige Jahre zuvor die BBC angefragt hatte, ob man für das Kinderprogramm im Inneren des königlichen Eisenbahnwaggons drehen durfte, hatte Colville dies in der Sprache unbeweglicher Hofetikette abgelehnt – Tenor: Dergleichen habe es noch nie gegeben, deshalb bestehe auch keine Veranlassung, mit irgendwelchen Neuerungen zu beginnen.

Heseltine dagegen überredete Elizabeth II. zu einem denkwürdigen Projekt: Ein ganzes Jahr lang sollten Fernsehkameras die Royals begleiten und eine Dokumentation über den Jahreslauf bei der „Firma" drehen, wie Spötter die Familie zunehmend nannten. So war bei vielen öffentlichen Auftritten wie bei unzähligen privaten Momenten von Juni 1968 bis Mai 1969 ein Kamerateam im Tross der Queen oder Prinz Philips zu sehen. Unter dem Titel *The Royal Family* wurde das Opus erstmals am 30. Juni 1969 in Großbritannien ausgestrahlt und war ein wahrer Straßenfeger. Als Zaungäste fungierten in den Tagen darauf Millionen Zuschauer in rund 140 Ländern, in denen die inhaltlich eher flaue Bildergeschichte um eine Familie rund um den königlichen Weihnachtsbaum, beim Barbecue auf Balmoral und bei anderen, gelegentlich von gepflegter Langeweile touchierten Anlässen ausgestrahlt wurde. Die Angehörigen der Königsfamilie imponierten in dem Streifen als durchweg sympathische, aber nicht unbedingt inspirierende Protagonisten eines fast großbürgerlichen Lebensstiles – lediglich die Kulissen waren etwas grandioser als bei anderen Vertretern der besitzenden Klasse. Überproportional häufig waren die kurzbeinigen Hunde der Königin zu sehen, was der Show den spöttischen Beinamen „*Corgi and Beth*" einbrachte.

Nicht immer ganz korrekt war das, was das Publikum an

Informationen erhielt. Schloss Sandringham, so wusste der Erzähler zum Besten zu geben, stehe für einen kurzen Winterurlaub. Dass sich diese Ferien auch mit bis zu drei Monaten schon mal ein wenig in die Länge ziehen konnten, wurde dem Publikum vorenthalten.

Bei aller Banalität war es, so Donald Spoto, ein einschneidendes Ereignis: „Niemand konnte die Gefahren dieser gestellten Intimität vorhersehen. Einmal die Kameras hinter die Kulissen einzuladen, hieß für die Initiatoren, die Büchse der Pandora zu öffnen. Die Medienmaschine konnte nie wieder ausgesperrt werden noch konnte man verhindern, dass sie immer zudringlicher wurde. Die königliche Familie wurde langsam, aber unausweichlich die grandiose Besetzung einer nicht enden wollenden Seifenoper, und zwanzig Jahre später gab es keine Barrieren mehr. Sie wollten als normal gesehen werden und so wollte jeder wissen, wie normal sie eigentlich sind. Bagehot [englischer Staatsrechtler des 19. Jahrhunderts] hatte Recht: Tageslicht hineinzulassen bedroht die königliche Mystik, aber es macht aus der Mystik auch eine Sucht. Durch ein eigenartiges Paradoxon ist die königliche Familie seit 1969 ein williger Lieferant für den Kult der Berühmtheiten geworden. Sie kooperiert mit den Medien, um immer buntere und glamourösere – und schließlich skandalösere – Bilder zu produzieren, die gebraucht wurden, um das Bedürfnis für romantische Figuren, die man anhimmeln konnte, zu befriedigen."[9]

Das alles andere als leichte Leben des Thronfolgers Charles

Der Popularitätsschub, den die Familienshow nach Kalkulation ihrer Planer mit sich bringen sollte, war gerade auch mit Blick auf den Thronfolger Charles notwendig. Er hatte eine keineswegs unproblematische Kindheit hinter sich, und nicht wenige Briten begannen sich bei seinem Anblick zu fragen, ob er aus dem Holz geschnitzt war, das einen Fortbestand der Monarchie jenseits der Regentschaft seiner Mutter würde garantieren können. Zu denjenigen, die sich diese Frage stellten, gehörte vermutlich auch Prince Philip. – „Der Junge muss lernen, mit anderen Kindern zusammen zu sein", hatte Philip einst gefordert, als Charles am Anfang seiner Ausbildung stand. Es war in der Tat ein Novum, das sich Elizabeth und Philip für ihren Sohn einfallen ließen: Als erster Thronfolger in der englischen Geschichte besuchte er nach einem Basisunterricht durch Privatlehrer eine Schule außerhalb der königlichen Palastmauern. Natürlich ist Normalität ein relativer Begriff, wenn ein Achtjähriger vom Privatchauffeur und in Begleitung mehrerer Bodyguards zur Schule gefahren wird. Charles war ein etwas kontaktscheues, aber dennoch leicht blasiertes Kind. Als er und seine Schwester einmal eine Militärkapelle am Buckingham Palace spielen hörten, fragte ihn Anne, ob dies eine Krönung ankündige. Sie solle nicht so albern sein, entgegnete Charles, die nächste Krönung sei seine eigene.

Von 1957 bis 1962 besuchte Charles die Privatschule Cheam in der Grafschaft Berkshire. Seine Erinnerung an diese Anstalt, die schon sein Vater absolviert hatte, fasste er später kurz und bündig zusammen: „Ich hasste es, ich hasste es, ich hasste es!" Er wurde von den anderen Jungen alles andere als mit Respekt behandelt, vielmehr verspotteten sie ihn wegen seiner abstehenden Ohren und seiner fülligen Oberschenkel. Charles selbst stellte fest: „Es war nicht leicht, eine große Zahl von Freunden zu gewinnen. Ich bin kein sehr unterhaltsamer Mensch, so hatte ich immer eine Abneigung gegen Cliquenbildung. Ich habe es immer vorgezogen allein zu sein oder mit einem Freund."[10] Vor allem um seinem sportlich-dynamischen Vater zu gefallen, weniger aus eigenem Antrieb, spielte er Cricket und Fußball. Die reine Freude war es nicht, denn die anderen Jungen versuchten sich in ruppigem Spiel zu übertrumpfen, um dann zu jubilieren, dass sie den künftigen englischen König gefoult hätten.

Auch in der nächsten Station seiner Ausbildung trat Charles in die Fußstapfen seines Vater. Ab 1962 besuchte er die Privatschule Gordonstoun[11] in Schottland, die kurz vor dem Krieg von einem deutschen Emigranten gegründet worden war. Die Anstalt hatte mit ihrer mehr als kargen Einrichtung den herben Charme eines Straflagers, und der akademische Unterricht nahm gegenüber dem, was man euphemistisch als „Abhärtung" beschreiben könnte – Sport jeglicher Art und Ausdauertraining im Gebirge –, eine eher untergeordnete Rolle ein. Auf Charles wirkte dies alles sehr deprimierend. Eine Lebensphase, die für andere junge Leute von Unbeschwertheit und dem Knüpfen vielleicht lebenslanger Freundschaften gekennzeichnet ist, bedeutete für ihn eine Qual. Sich daheim zu beschweren, hätte keinen Sinn gemacht, denn Philip – der in Erziehungsfragen weit mehr als die Königin das Sagen hatte – hätte dergleichen nur als Verweichlichung, als Ausdruck von mangelnder Männlichkeit gewertet. Als der Herzog von Edinburgh einmal darauf angesprochen wurde, dass Charles ganz offensichtlich unglücklich in Gordonstoun war, antwortete er lapidar, dass er bislang ja wohl noch nicht weggelaufen wäre – was man auch so auslegen kann, als habe Philip seinem Sohn sogar hierfür den Mut abgesprochen.

Bei dem nicht allzu tiefgründigen Unterricht blieb es nicht aus, dass sich in Charles Kopf einiges an abstrusem Gedankengut zusammenbraute, bei dem die im Dunstkreis des Hofes eingeatmeten Vorurteile eine Symbiose mit einem Mangel an Kenntnis der realen Welt eingingen. Sein Notizbuch wurde von einem Klassenkameraden gestohlen und einer schottischen Zeitung übergeben. Dieser war das Dokument, mit dessen Suche umgehend Mitarbeiter des Geheimdienstes betraut wurden, offenbar für eine Veröffentlichung zu heiß. Über dunkle Kanäle landete es beim *Stern* in Hamburg, einem Nachrichtenmagazin, das bekanntlich des Öfteren Tagebücher abdruckt, echte und manchmal auch gefälschte. Das von Charles war authentisch – leider, denn es enthielt solche für das Ansehen der Monarchie schädliche Thesen wie: „Indem man die Staatsangelegenheiten hauptsächlich der Oberschicht anvertraut, wird das Land zumindest vor einigen der Übel bewahrt, die in den niedrigen Klassen durch Korruption verursacht würden. Allerdings mag es in der Oberschicht einen Mangel an Intelligenz geben, Voreingenommenheiten durch Klasseninteressen und viel Korruption, wenn es um die Besetzung von Ämtern geht. Das Ehrgefühl dieser Klasse schützt sie zumindest vor den schlimmsten Auswüchsen von Korruption, und ihre Angehörigen sind dauerhaft am Wohlergehen des Landes interessiert."[12]

Es war wie eine Befreiung für Charles, als er 1966 aus der Enge eines derartigen Internates ausbrechen und seine erste Auslandserfahrung sammeln durfte, in einem Land, in dem derart abstruse Standesvorurteile unbekannt waren. Er ging mehrere Monate lang auf eine Privatschule in Australien. Das weite Land und seine freundlichen, unvoreingenommenen Menschen beeindruckten ihn, zum vielleicht ersten Mal in seinem Leben fühlte er sich frei und auch akzeptiert: „Ich liebte es unheimlich. In Australien gibt es so etwas wie die Aristokratie nicht. Die anderen Jungen waren sehr, sehr gute und phantastische Menschen, völlig natürlich. Die einzige Person, die mich unglücklich machte, kam, glaube ich, aus England."[13]

Der Blick auf die andere Seite des Globus erweiterte den Horizont des Thronfolgers und war eine rundum positive Station in seiner Entwicklung. Nach England zurückgekehrt, schrieb sich Charles an der Universität Cambridge ein und studierte dort Archäologie und Anthropologie, zwei Fächer, an denen sein Interesse in Australien erwacht war. Er wurde schließlich der erste britische Thronfolger mit einem Universitätsdiplom. Auch in anderer Hinsicht war Cambrigde eine lehrreiche Erfahrung. Mit einer dunkeläugigen Schönheit, der Tochter des ehemaligen chilenischen Botschafters in London, erlebte er, glaubt man den inoffiziellen Biografen von Charles und Chronisten seiner verschiedenen Amouren, seine erste Affäre. Angeblich stellte der Leiter des *Trinity College* dem Prinzen und seiner Freundin sogar seine Dienstgemächer zur Verfügung – die Gnade hoher Geburt bringt eben doch so manche Privilegien mit sich ...

Bereits 1958, im Alter von neun Jahren, war Charles zum Prince of Wales ernannt worden, aber erst am 1. Juli 1969 fand im mittelalterlichen Caernarfon Castle in Wales die feierliche Investitur statt. Charles hatte sich vorher ganze acht Wochen lang dem Studium der walisischen Sprache gewidmet, um sich mit den ihm nun ganz besonders verbundenen Untertanen in diesem Teil des Königreiches in ihrem traditionellen Idiom unterhalten zu können – zumindest ansatzweise. Die Zeremonie, die einen ökumenischen Gottesdienst beinhaltete, hatte zuletzt achtundfünfzig Jahre früher für den nachmaligen Edward VIII. stattgefunden – nicht gerade ein Glück verheißendes historisches Vorbild. Die Tagespolitik spielte auch eine Rolle, denn die Feier war in den Augen der Regierung Wilson überdies ein potenzielles Mittel, um dem steigenden walisischen Nationalismus zu begegnen und den Zusammenhalt des United Kingdom zu beschwören.

Kurz nach der Ausstrahlung von *The Royal Family* war auch die Investitur, bei der ein im Hermelinpelz gekleideter und darin etwas verloren wirkender Prinz vor seiner Mutter niederknien musste und von ihr eine viel zu große Krone auf das Haupt gesetzt bekam, ein Medienspektakel. Die Kamerastandorte waren vorher akribisch ausgesucht und auf bestmögliche Wirkung getestet worden. Eine Zeit lang hatte man sogar erwogen, eine Kamera mit einem Ballon über der Stätte schweben zu lassen, dann aber darauf verzichtet, weil man befürchtete, ein walisischer Separatist könnte mit einem wohlgezielten Schuss aus der Schrotflinte die Übertragung höchst abrupt beenden und dem Image der Monarchie damit unabsehbaren Schaden zufügen. Die Feier verlief ohne Zwischenfälle, doch nicht auf alle Zuschauer wirkte das mittelalterliche Gepränge auch ansprechend. Eine Umfrage unter einem repräsentativen Querschnitt der walisischen Bevölkerung ergab, dass die Hälfte der Befragten die Investitur ihres ganz speziellen Prinzen für reine Zeit- und Geldverschwendung hielten.

Der frisch gekürte Prince of Wales jener Jahre wird von Bediensteten und Bekannten als ein grundsätzlich freundlicher und nachdenklicher, aber auch an sich selbst zweifelnder junger Mann geschildert. Zu Letzterem dürfte Elizabeth nachdrücklich beigetragen haben: Sie versäumte es, ihm frühzeitig eine wirklich sinnvolle Aufgabe zu geben. Er hatte eine solide, wenn auch nicht in allen Bereichen erstklassige Ausbildung genossen, doch die Frage, die sich ihm aufdrängen mochte, war ein schlichtes „Wofür?", mit den Jahren ergänzt durch ein leicht verbittertes „Wann?"

Anne, the Princess Royal

Seine Schwester Anne hatte es da leichter. Zum einen erwartete niemand von ihr, Königin zu werden (dafür wiederum war Charles zu gesund), zum anderen hatte sie sich zu einer jungen Frau entwickelt, die wesentlich selbstsicherer und unverkrampfter wirkte als Charles. Ihre Ausbildung an einer Schule in Kent war nicht brillant, aber solide gewesen; wie sich Klassenkameradinnen erinnerten, wusste sie ihren Arbeits- und Lerneinsatz auf das Wesentliche zu begrenzen. Eine Akademikerin hätte niemand in ihr vermutet. Stattdessen wurde die groß gewachsene Prinzessin eine ausgezeichnete Sportlerin – im Reiten, versteht sich. Diese Leidenschaft hatte sie ganz offensichtlich von ihrer Mutter geerbt, ihrem Vater hingegen schlug sie in ihrem oft impulsiven Wesen nach und in der Befähigung, verbal aufs Kräftigste austeilen zu können. Die exzellente Reiterin gehörte der britischen Olympiamannschaft bei den Spielen in Montreal 1976 an und wurde zur „Sportlerin des Jahres" gewählt.

Mit einer deutlichen Abneigung gegen die Zwänge royalen Protokolls nahm Anne auch in ihrem Privatleben gern die Initiative in die Hand und verstand es, Spaß zu haben, ohne je in die Nähe von skandalträchtigen Schlagzeilen zu kommen. Wenn Sie eine Disco besuchte, war sie, wie einer ihrer Leibwächter verblüfft konstatierte, binnen fünf Minuten von Männern umschwärmt und zwar meist von sehr gut aussehenden. Obwohl keine klassische Schönheit, kam Anne bei Männern außerordentlich gut an, strahlte sie doch neben ihrer Lebhaftigkeit ein, wie Sarah Bradford es nennt, gesundes Interesse an Sex aus. Ihre Partner mussten nicht aristokratisch oder reich sein – in dieser Hinsicht brachte sie frischen Wind in die Partnerwahl der Windsors – sie mussten lediglich sportlich, charmant und mit Sinn für ihren gelegentlich derben Humor gesegnet sein. Impulsiv war Anne wie kein anderes Mitglied des Königshauses; bei einer Aufführung des damals mit dem Etikett „Skandal" versehenen Musicals *Hair* stürzte sie gegen Ende der Vorstellung mit einem Freund auf die Bühne, um zur Überraschung der – teilweise nackten – Schauspieler und zur Freude der Zuschauer kräftig mitzurocken.

Elizabeths Verhältnis zu Anne war problemfrei. Ihre Tochter hatte, wie sie in einem Interview erzählte, „stets akzeptiert, dass sie von frühem Alter an in allem die zweite Rolle zu spielen hatte". Diese Unkompliziertheit und ähnliche Interessen verbinden Königin und Princess Royal (wie Annes offizieller Titel seit 1987 lautet). Es gilt am Hof als offenes Geheimnis, dass Anne in vielem der Königin näher steht als Charles. Beide Frauen begeisterten sich für Pferdesport und Pferdezucht und dies in einem Ausmaß, dass Charles sich in Gegenwart seiner Eltern und seiner Schwester oft ausgeschlossen vorkam, weil ihm – trotz seiner Passion für das Polospiel – der letzte Funke an Begeisterung für alles Equestrische abging. Auch die Vorliebe für bestimmte Hunderassen teilt Anne mit ihrer Mutter; eine Zeit lang sah man die Prinzessin ebenfalls mit einem Corgi.

Trotz der engen Verbundenheit war die Queen überrascht, als Anne ihr mitteilte, sie wolle Mark Phillips heiraten. Der junge Offizier sah zwar gut aus, sein Hauptinteresse galt Pferden (was Elizabeth zweifellos für ihn einnahm), aber er war nicht nur bürgerlich (wie Tony Armstrong-Jones), sondern entstammte zudem der Mittelklasse (während Margarets Ehemann zumindest für sich in Anspruch nehmen konnte, einer kulturellen Elite anzugehören). Elizabeths anfängliche Bedenken über eine solche Alliance zerschlugen sich jedoch. Die Ankündigung der Hochzeit brachte eine enorme Popularität für Anne, die für gewöhnlich kein gutes Verhältnis zur Presse pflegte. Das Paar heiratete am 14. November 1973. In der Öffentlichkeit sahen viele die Verbindung als ein Zeichen dafür, dass die königliche Familie die Fesseln der Konvention, die Eheverbindungen nur innerhalb des Hochadels vorsah, allmählich abstreifte. Der Ehe von Anne und Mark (der im Gegensatz zu Armstrong-Jones eine Nobilitierung durch die Königin ablehnte und schlicht Mark Phillips bleiben wollte) entsprangen zwei nette, unaffektierte Kinder, Peter (geb. 1977) und Zara (geb. 1981), die Elizabeth zur Großmutter machten und ihr Leben auf freudige Art bereicherten.[14]

Edward, Duke of Windsor

Neben den beiden jüngeren Söhnen Andrew und Edward gehörte jedoch noch jemand zur Familie, eine Person, die gelegentlich vergessen schien, deren Schatten jedoch stets auf den Windsors lag: der Onkel Elizabeths. Der abgedankte ehemalige König Edward VIII. hatte mit seiner Frau Wallis jahrzehntelang ein Leben geführt, das aus Cocktailempfängen, Kreuzfahrten, Golfspielen und anderen Formen des Müßiganges bestand und dem bei aller finanziellen Saturiertheit eine gewisse Leere innewohnte. Das schillernde Paar, das sich gern mit Gleichgesinnten aus verstoßenem Hoch- oder neureichem Geldadel umgab, führte die Existenz von Nobel-Exilanten, fast ruhelos in der Jagd nach Vergnügungen zwischen Frankreich, diversen Strandbädern und dem Apartment im New Yorker Waldorf-Astoria hin- und herpendelnd. Mountbattens Tochter, Lady Pamela Hicks, brachte es auf den Punkt, als sie das Leben des Herzogs von Windsor beschrieb als „äußerst trivial – Golf spielen und ins Theater gehen und Urlaub machen. Aber was heißt das, Urlaub machen? Sein ganzes Leben war ein einziger, großer Urlaub!"[15]

Buckingham Palace hatte auch nach der Thronbesteigung Elizabeths das Herzogspaar mit Acht und Bann belegt, niemand war auf den Gedanken gekommen, es zu Familienfeiern wie etwa Margarets Hochzeit einzuladen. Ab Anfang der 60er-Jahre kränkelte Edward immer mehr – auch ein Leben, in dem Arbeit ein Fremdwort ist, schützt nicht vor körperlichem Verfall. Im Februar 1965 musste er sich in London einer Augenoperation unterziehen. Elizabeth, die selbst nie einen extremen Standpunkt ihrem Onkel gegenüber eingenommen hatte, war einverstanden, ihn am Krankenbett zu besuchen. Die königliche Visite dauerte rund zwanzig Minuten und bestand auch aus einem Wiedersehen mit Wallis, der Elizabeth als Zehnjährige einmal kurz begegnet war. *I am so pleased to meet you at last*, soll Elizabeth „der Ursache" von Edwards Thronentsagung und damit ihres eigenen Aufstiegs zur Königin gesagt haben. Als Elizabeth sich verabschieden wollte, bat Edward sie in ernstem Ton um einen Gefallen. Er wolle im Falle seines Ablebens in der Familiengruft in Windsor Castle beigesetzt werden und er erbitte das Gleiche auch für seine Frau. Elizabeth antwortete ausweichend – was seinen Grund hatte. Sie besprach diese Angelegenheit mit ihrer Mutter, denn der Umgang mit der verstoßenen Verwandschaft gehörte ganz offenbar zur Entscheidungsbefugnis der Queen Mum. Einige Tage später ließ sie Edward mitteilen, dass seinem Wunsch stattgegeben sei.

Ein offizielles Treffen mit Edward und Wallis fand im Juni 1967 statt, als eine Gedenkplakette für Queen Mary eingeweiht wurde – immerhin Edwards Mutter, sodass sein Fernhalten von der kleinen Zeremonie als ungebührlich nachtragend erschienen wäre. Es kam zu einem kurzen und viel beachteten Shakehands zwischen der Königinmutter und den Windsors, den die Queen Mum mit einem süßlichen *How nice to see you*[16] begleitete. Wallis machte zwar einen Hofknicks vor Elizabeth, jedoch nicht vor ihrer Mutter und gab als Begründung an, diese Frau habe verhindert, dass man vor ihr, Wallis, einen Knicks machte, warum sollte sie dergleichen nun vor ihr tun?

Elizabeth sah ihren Onkel zum letzten Mal anlässlich eines Parisbesuches im Mai 1972. Edward lag im Sterben, und auch Wallis machte keinen stabilen Eindruck – ihre Mimik war, wie man vernehmen konnte, von verschiedenen kosmetischen, der Verjüngung dienenden Operationen zu einer dauerlächelnden Maske erstarrt. Abermals war man sehr höflich miteinander. *My dear Lilibet*, so grüßte sie der Onkel, *it is lovely to see you again.* Siechtum und Sterben waren Dinge, mit denen Elizabeth bisher nie konfrontiert wurde. Entsprechend unwohl fühlte sie sich bei diesem Abschied. Wenige Tage später starb Edward VIII.

Bei der Beerdigung in Windsor wirkte Wallis sichtlich verstört. Bemerkenswerterweise war es Charles, der wusste, wie ein einsamer Mensch empfindet, der sich rührend um sie kümmerte. Sie verbrachte noch vierzehn unstete, von zunehmender Verwirrung geprägte Jahre, in denen „David" wesentlicher Gegenstand ihrer meist zusammenhangslosen Sätze war. Wallis Simpson, die Herzogin von Windsor, starb 1986 und fand ihre letzte Ruhestätte an der Seite des Mannes, der für sie einen Thron aufgegeben hatte.

Anmerkungen

1 Zit. n. Spoto, S. 362.
2 Ebd., S. 371.
3 Ebd., S. 370.
4 Ebd., S. 371.
5 P. Howard: British Monarchy in the Twentieth Century. London 1977, S. 145.
6 Zit. n. Bradford, S. 404.
7 Zit. n. Bradford, S. 405.
8 Spoto, S. 393/394.
9 Ebd., S. 384.
10 Zit. n. Spoto, S. 365.
11 Wird wirklich toun geschrieben, aber wie town ausgesprochen.
12 Zit. n. Spoto, S. 368.
13 Ebd.
14 Die Kinder aus der Ehe von Princess Anne und Mark Phillips tragen keinen Titel, sondern den bürgerlichen Familiennamen ihres Vaters. Sie finden auch keine Berücksichtigung in der Thronfolge.
15 Zit. n. Spoto, S. 378.
16 Zit. n. Spoto, S. 379.

Zwei Frauen an der Spitze Britanniens

Als neunjähriges Mädchen hatte Elizabeth die Feiern zum *Silver Jubilee*, zum 25-jährigen Thronjubiläum ihres Großvaters George V. miterlebt, mit Anbruch des Jahres 1977 stand sie selbst vor einem derartigen Festakt. Jubiläen waren für die britische Monarchie stets eine willkommene Gelegenheit, den Rückblick auf eine „runde" Zahl von Jahren auf dem Thron mit einem Veranstaltungsreigen zu verknüpfen, bei dem die Beliebtheit des Monarchen oder der Monarchin bei der Bevölkerung anhand deren Begeisterung gemessen wurde. Nur wenigen in der langen Liste der gekrönten Häupter Großbritanniens war eine vergleichsweise lange Regierungszeit vergönnt gewesen, sodass die öffentliche Rezeption dieser Festivitäten auf Grund ihrer Seltenheit gut dokumentiert war.

In mancher Hinsicht schien Queen Victoria von allen Vorgängern auf dem Thron diejenige zu sein, die eine gewisse Beispielfunktion für Elizabeth ausübte. Gerade der Blick in die Chroniken aus viktorianischer Zeit war bei der Suche nach Präzedenzfällen aber unergiebig. Victoria hatte nämlich wenige Monate vor dem silbernen Thronjubiläum ihren über alles geliebten Mann, Prinz Albert von Sachsen-Coburg-Gotha, verloren und war mehrere Jahre für Feierlichkeiten jedweder Art nicht zu haben. Das änderte sich im hohen Lebensalter. Die Anerkennung der Bevölkerung, die ihr anlässlich der Goldenen wie auch der Diamantenen Jubiläumsfeierlichkeiten zuteil wurde, erfreute sie besonders.

Zentrales Thema bei beiden Anlässen – 1887 und 1897 – waren die Stärke Britanniens und die Pracht seines Empires gewesen. Mit beidem konnte man in einem von der Wirtschaftskrise gebeutelten Großbritannien anno 1977 natürlich nicht dienen.

25-jähriges Thronjubiläum

Elizabeths Silbernes Jubiläum schien unter keinem guten Stern zu stehen. Die Regierung unter Premierminister James Callaghan reagierte zunächst alles andere als enthusiastisch auf eine royale Zurschaustellung. Zunächst schien sich auch in manchen Landesteilen die Begeisterung in Grenzen zu halten, häuften sich doch im Buckingham Palace die Meldungen über abgesagte Paraden und geringe Vorbestellungen der unzähligen Produkte, die die Souvenirindustrie aus diesem Anlass auf den Markt warf.

Letztlich aber verhalf Elizabeth dem Jubiläum doch zu einem großen Erfolg, in dem sie das tat, worin unbestritten ihre Meisterschaft liegt: dem Reisen und der direkten, wenngleich sicher nie allzu intensiven Begegnung mit der Bevölkerung. Eingerahmt war diese Art von Reisediplomatie in eigener Sache von den beiden langen Exkursionen zu den Untertanen in Übersee. Im März 1977 besuchte die Queen Australien, Neuseeland, die Fidschi- und die Tonga-Inseln sowie Papua-Neuguinea. Im Oktober, zum Abschluss des Jubeljahres, ging es in die westliche Hemisphäre: Kanada, die Bahamas, die British Virgin Islands, Barbados und Antigua standen auf dem Besuchsplan. Dazwischen lag eine Tour de force durch Großbritannien, bei der die Menschen in fast jeder Grafschaft Gelegenheit bekommen sollten, ihre Königin mit eigenen Augen zu sehen – ein Angebot, das viel mehr Bürger freudig annahmen, als von Skeptikern zunächst vermutet respektive befürchtet worden war. Sie scheute auch nicht davor zurück Nordirland zu besuchen – diesen Teil des United Kingdom auszulassen, wäre Elizabeth wie eine Kapitulation vor Terror und Gewalt erschienen.

Die Höhepunkte der Jubiläumsfeierlichkeiten spielten sich in oder um London ab. Am 4. Mai wurde die Königin im Parlament geehrt, sie wiederum hielt eine Rede, bei der sie sorgfältig vermied, die engen Grenzen königlicher Befugnisse vor einem Auditorium zu überschreiten, das traditionell in diesem Punkt äußerst wachsam war. Aus einem Meer von grauen und dunklen Anzügen stach neben der Queen vor allem die Oppositionsführerin Margaret Thatcher hervor, deren auffälliges Kostüm in Pink sie nach dem uncharmanten Vergleich des *Guardian* „wie ein Shrimp"[1] aussehen ließ. Ein wesentlich weniger steifer Teil der Feierlichkeiten fand fünf Wochen später statt, als die Queen auf einem Hügel nahe Windsor Castle, umgeben von unzähligen Kindern aus allen Teilen des Vereinigten Königreiches und des Commonwealth, ein Sommerfeuer entfachte, das als Startschuss für die Entzündung hunderter ähnlicher Feuer im ganzen Land diente. Es war ein würdiger Akt in lauer Sommernacht und überdies einer, an dem sich Elizabeth selbst sichtlich erfreute.

Am Tag danach ging es etwas förmlicher zu. Die *Mall*, Londons Prachtstraße, wurde von fast einer Million Menschen gesäumt, als Elizabeth zusammen mit Philip in der Staatskutsche zu einem Gottesdienst in der St. Paul's Cathedral fuhr. Anschließend nahm das Paar das sprichwörtliche Bad in der Menge, sprach mit am Straßenrand stehenden Untertanen – nach Einschätzung des überschwänglichen *Daily Telegraph* „*the most sucessful Royal Walk ever"* – und ging zu Fuß zur *Guildhall* (Rathaus der City von London), wo ein Bankett stattfand. In einer Ansprache bezog sich die Königin dann auf ihren einst, an ihrem 21. Geburtstag, abgelegten Schwur von Kapstadt und ließ ihren bisweilen unterschätzten Humor aufblitzen: „*When I was twenty-one, I pledged my life to the service of our people and I asked for God's help to make good that vow. Although that vow was made in my salad days when I was green in judgement, I do not regret or retract one word of it.* (Als ich 21 Jahre alt war, habe ich mein Leben dem Dienst an unseren Menschen versprochen und um Gottes Hilfe gebeten, diesen Schwur einhalten zu können. Auch wenn dies in meinen wilden Jugendtagen geschehen ist, wo ich völlig unreif in meinem Urteilsvermögen war, so bereue ich diesen Eid nicht und habe kein Wort davon zurückzunehmen."[2])

Wieder einmal zeigte sich, was Feierlichkeiten mit royaler Prunkentfaltung, gewürzt mit einer zeitgemäß erforderlichen Portion von Leutseligkeit, auszurichten vermögen: Meinungsumfragen, die noch zu Anfang 1977 ein eher bescheidenes

Ansehen der Monarchie ermittelt haben wollten, sprachen nach Ende des silbernen Zyklus von einer Renaissance des Stolzes auf die Monarchie und der Sympathie für die Königin. Elizabeths Biograf Ben Pimlott sah diesen Ausdruck von Zuneigung als keineswegs einseitigen Prozess: „Das Silberne Thronjubiläum schien eine tiefere Achtung, eine Wärme für das Individuum zu enthüllen, die auch teilweise auf dem selten artikulierten Gefühl beruhte, dass diese Wertschätzung auf beiden Seiten existierte."[3]

Es schien, als könne Elizabeth II. nichts falsch machen, als würde ihr nichts Übel genommen. Kritik an ihrem modischen Stil, der stets Eleganz, aber selten Originalität und nie Avantgardismus verkörperte, galt als verfehlt, stilistische Besserwisser sollten, so empfahl es der *Daily Telegraph*, „in die Seine springen". Und auch der Kunstgeschmack der Königin, frei von Neigungen zum Modernistischen, spiegelte plötzlich so etwas wie Volkes Stimme wider: „Wenn sie lieber nach Ascot geht als sich ein paar dreckige Servietten im Institut für Zeitgenössische Kunst anzusehen – was ist daran so falsch?"[4]

Eine wahre Huldigung kam aus einer höchst unerwarteten Richtung. John Grigg, der einst als Lord Altrincham Attacke gegen Monarchie und Monarchin geritten hatte (vgl. S. 93 f.), musste – inzwischen waren zwanzig Jahre vergangen – anerkennen: „Sie sieht wie eine Königin aus und glaubt an ihr Recht, eine zu sein. Ihre Haltung ist sowohl einfach als auch majestätisch – keiner Schauspielerin könnte es wohl je so gelingen. Wo immer sie sich auf der Welt befindet, in welcher Gesellschaft oder welchem Klima, sie verliert nie ihre Ausstrahlung. Diese äußere Grazie reflektiert den außergewöhnlich standfesten Charakter, der ihre herausragende Eigenschaft ist. Während einer Zeit schwankender Moderichtungen und sich auflösender Moral hat sie gemäß ihren eigenen hochgesetzten Vorgaben gelebt und dabei ein Beispiel gesetzt, das selbst jene zähneknirschend bewundern, die ihr dabei nicht gefolgt sind. Sie hat vor allem deutlich gemacht, wie viel ihr das Familienleben bedeutet und steht felsenfest für alles, was es ausmacht. Kein Hauch von Skandal hat sie je berührt. Sie verhält sich würdig, weil sie würdig ist, und es ist so gut wie unmöglich sich vorzustellen, sie könnte jemandem, der ihr nahe steht, aus irgendeinem selbstsüchtigen Impuls heraus weh tun."[5]

Da Elizabeth eine intakte Familie viel bedeutete – allzu oft in der Zukunft blieb ihr die Erfüllung dieses Wunsches versagt –, litt sie ganz besonders unter Rückschlägen. Einen der schlimmsten erlitten sie und Philip im August 1979. Der IRA war es gelungen, auf dem Boot, mit dem Philips Onkel Louis Mountbatten von seinem irischen Feriendomizil Mullagmore aus zum Fischen fuhr, eine Bombe zu verstecken. Als Mountbatten mit einigen Verwandten in See stechen wollte, wurde der Sprengsatz vom Ufer aus ferngezündet. Mountbatten, der praktisch auf der Bombe gesessen hatte, war sofort tot. Auch eine ältere Dame und zwei Kinder fielen diesem Attentat zum Opfer.

Besonders Prince Charles traf der Verlust hart. Mountbatten war für ihn eine Art „Ehren-Großvater" gewesen, ein erfahrener, nicht immer ganz selbstloser Mann, der ihm mit väterlichem Rat dort zur Seite stand, wo der eigene Vater, Philip, dem Prince of Wales allzu entrückt war. Der Anschlag auf Mountbatten zeigte Elizabeth jedoch über die eigentliche Tragik hinaus, wie sehr das Leben von Mitgliedern der königlichen Familie bedroht war – auch ihr eigenes. Kapituliert hat sie vor dieser Bedrohung nie, Angst zu zeigen ist ihr völlig fremd.

Thatcherismus, Commonwealth und Falklandkrieg

Im Frühjahr 1979 gab es in Großbritannien einen Regierungswechsel. Nach Wirtschaftskrise und Streiks, die zum „Winter der Unzufriedenheit" geführt hatten, war die Mehrheit der Wähler von der Labour-Regierung desillusioniert und wegen der kaum noch gebremsten Machtanmaßung der Gewerkschaften besorgt. Am 3. Mai erhielt die Konservative Partei eine deutliche Mehrheit der Parlamentssitze, neue Premierministerin wurde Margaret Thatcher. Es war eine historische Stunde: Großbritannien war das erste und einzige Land der Welt, in dem sowohl das Staatsoberhaupt als auch der Regierungschef weiblich waren. Elizabeth II. und Margaret

Thatcher hatten außerdem in etwa das gleiche Alter sowie zweifellos gewisse, eher konventionelle Grundüberzeugungen gemeinsam. Von Margaret Thatcher war bekannt, dass sie dem Königshaus mit großer Loyalität gegenüberstand. Das waren Grundlagen für eine angenehme Kooperation – sollte man meinen. In Wirklichkeit stimmte die „Chemie" zwischen beiden Frauen zu keinem Zeitpunkt. Thatchers kleinbürgerliche Herkunft und ihr mit Ehrgeiz, Intelligenz und dem Gebrauch der Ellenbogen vollzogener Aufstieg an die Spitze hatten einen Charakter geformt, der der Queen fremd blieb. Man begegnete sich höflich, doch die Audienzen entwickelten sich für beide Seiten zur Qual. Es ist Elizabeth in den langen Regierungjahren „Maggie" Thatchers (sie blieb bis Ende 1990 Premierministerin) offenbar nie eingefallen, sie jemals zu einem Drink einzuladen, wie sie es einst mit dem geistreich-umgänglichen Harold Wilson getan hatte.

Auch wenn die Queen sich grundsätzlich nie in innenpolitische Angelegenheiten einmischt, so galt es als offenes Geheimnis, dass der Thatcherismus mit seiner Bevorzugung der Unternehmer, der Firmengründer und der besser gestellten Bevölkerungsschicht und seiner eher mager ausgeprägten sozialen Komponente nicht nach dem Geschmack eines Staatsoberhauptes war, das sich auch hinter seinen Palastmauern stets als Königin aller Briten sah. Noch tief greifender waren die Meinungsverschiedenheiten hinsichtlich des Commonwealth, das Elizabeth seit ihrer Jugendzeit, seit ihrer ersten Reise in die Tropen, am Herzen lag. Margaret Thatcher maß diesem losen Zusammenschluss so unterschiedlicher Staaten wie Kanada, Tansania und Neuseeland wenig Bedeutung bei, ihr Hauptaugenmerk galt außenpolitisch dem Ost-West-Konflikt. Da Margaret Thatcher von den Regierungschefs der dem Commonwealth angehörenden Dritte-Welt-Länder wegen ihrer konservativen Haltung, vor allem aber wegen ihrer nur relativ leise geäußerten Verurteilung des Apartheidsregimes in Südafrika ohnehin mit Feindseligkeit behandelt wurde, war diese Haltung nicht ganz unlogisch. Elizabeth wollte jedoch um keinen Preis eine Kluft zwischen Großbritannien und den so unterschiedlichen Nationen des Bundes aufkommen lassen.

Als im Vorfeld des Commonwealth-Gipfels in Lusaka im August 1979 in der Regierung Thatcher offenbar erwogen wurde, die Queen nicht dorthin reisen zu lassen – auch Reisepläne der Königin müssen von der Regierung bzw. dem Parlament abgesegnet sein –, ließ Elizabeth in ungewohnt offener Form verlauten, dass die Königin nur allzu gern mit den Regierungschefs zu konferieren wünsche; mit einigen von ihnen verband sie eine lang anhaltende Freundschaft. Die Regierung Thatcher wollte einen Eklat vermeiden, sodass dann sowohl Elizabeth II. als auch die Premierministerin an der Konferenz teilnahmen – und die Tagung dank Elizabeths Vermittlung sogar als Erfolg angesehen wurde.

Der Generalsekretär des Commonwealth, der aus British-Guyana stammende Sir Sony Ramphal, beschrieb die Beziehung Elizabeths II. zu diesem Gremium: „Erstens hatte die Königin die Einstellung, dass es sich um einen postkolonialen Commonwealth handelt, was auch diensterfahrenen Mitarbeitern des Außenministeriums oft abging. Zweitens, sie brachte eine neue Dimension des Mitgefühls, ein Empfinden, dass es ein bedeutender Bestandteil ihrer Regentschaft war und nicht nur ein Anhängsel, wenn man Königin von England ist. Ihr Erfolg in den Ländern des Commonwealth beruhte auf dem Bewusstsein, dass sie sich um sie sorgte – dass sie ihr jenseits des britischen Regierungsgeschäfte wichtig waren. Dies war eine Qualität, die sich mit den Jahren sehr stark entwickelt hatte. Drittens, sie wuchs als junge Frau in das internationale Leben gemeinsam mit den jungen Führungspersönlichkeiten des Commonwealth hinein wie … Kaunda, Nyerere und später Indira Ghandi. Selbst zu Zeiten, in denen die Britische Regierung mit vielen dieser Regierungschefs über Kreuz lag, war sie in der Lage, ihren Standpunkt nachzuvollziehen, ohne Partei zu ergreifen – und sie gab es ihnen zu verstehen."[6]

Keine Differenzen gab es zwischen Elizabeth und Margaret Thatcher hinsichtlich der Falkland-Krise im Frühjahr 1982. Die Menschen, die auf den entlegenen Inseln ein alles andere als leichtes Leben führten, fühlten sich als britische Staatsbürger und empfanden die argentinische Besetzung ihrer Heimat als das, was es war: ein aggressiver Akt eines despotischen

Die ganze Welt war Zeuge: Die glanzvolle Krönung Elizabeths II. am 2. Juni 1953 war ein Medienereignis ohnegleichen.

Nach der Krönung: Elizabeth und ihr Gemahl Philip zeigen sich auf dem Balkon des Buckingham Palace der jubelnden Bevölkerung.

*Trooping the Colour:
Elizabeth II. hoch zu Ross bei
der Abnahme ihrer offiziellen
Geburtstagsparade im Juni 1963.*

*Elizabeth II. und Queen Mum sahen es mit Erleichterung: Princess Marg..
heiratet im Mai 1960 den Fotografen Anthony Armstrong-Jones.*

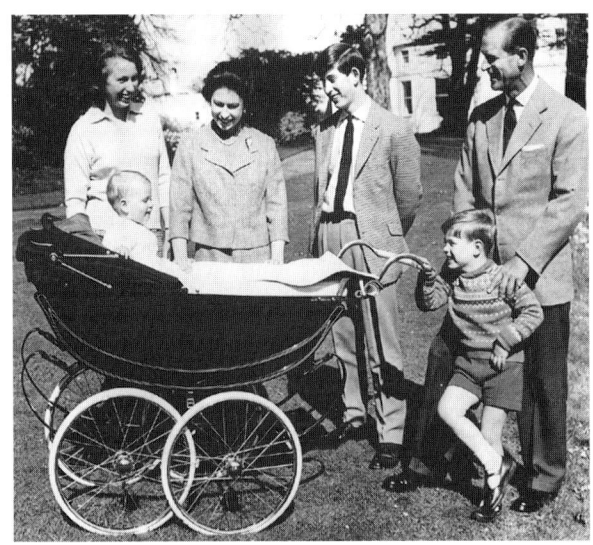

s die Probleme mit
m Nachwuchs noch in
iter Ferne lagen:
rz vor ihrem
. Geburtstag stellt sich
; Queen zusammen
t Princess Anne,
nce Edward (im
nderwagen), Prince
arles, ihrem Gatten
nce Philip und
nce Andrew den
tografen.

mer nur lächeln: Anlässlich der Filmvorführung „Born Free“ 1960 in einem
ndoner Kino zu Gunsten eines Wohltätigkeitsfonds begrüßt Elizabeth II. die
llywoodstars (v.l.) Ursula Andress, Woody Allen und Raquel Welch.

*Never leave home without them:
Die Queen und ihre Corgis
sehen auf dem Londoner Flughafen Heathrow mit Vorfreude
einer gemeinsamen Reise
entgegen.*

*Inspektion im Jahre 1982: Alle vier Jahre inspiziert die Queen ihre traditionelle
Leibgarde.*

Am 21. Oktober 1992 durch-
schreitet Queen Elizabeth in
Begleitung des Bundespräsiden-
ten Richard von Weizsäcker und
des Regierenden Bürgermeisters
von Berlin Eberhard Diepgen das
Brandenburger Tor und betritt
erstmals ostdeutschen Boden.

Südafrika war das Ziel der
ersten Auslandsreise Elizabeths
1947. Dieses Land hat seither einen
besonderen Platz in ihrem Herzen.
1995 besuchte sie es erneut,
begrüßt von dem von ihr hoch
geschätzten Nelson Mandela.

Für das Millionenpublikum vor den Fernsehgeräten war es eine Traumhochzeit – für Charles und Diana aber begann bald nach der prunkvollen
Eheschließung im Juli 1981 ein Alptraum, der in einer Tragödie endete.

Bei der Hochzeit von Prince Edward und Miss Sophie Rhys-Jones im Juni
1999 ging es weniger pompös zu. Dass Sophie äußerlich eine gewisse Ähnlichkeit mit Diana hat, griff die Boulevardpresse begierig auf.

od-bye, England's Rose:
ne sichtlich erschütterte Queen mit
er Mutter auf dem Weg in die
estminster Abtei, wo am
September 1997 die Trauerfeier
die in Paris tödlich verunglückte
ana, Princess of Wales, stattfand.

Trauer vereint: Prince William, Dianas Bruder, der Earl of Spencer, Prince Harry
d Prinz Charles.

Her Majesty Queen Elizabeth The Queen Mother und Her Royal Highness The Princess Margaret, Countess of Snowdon.

Her Majesty The Queen!

Militärregimes. Elizabeth unterstützte das Recht der Inselbe-
wohner, Bürger des Landes zu bleiben, dem ihre Loyalitäten
galten und ließ eine Botschaft dieses Tenors übertragen, während die Royal Navy auf dem Weg in den Südatlantik war. Ihre
Gefühle in diesen Tagen eines bizarren, fast unwirklich er-
scheinenden Krieges um einige sturmumtoste, unwirtliche
Eilande waren nicht frei von persönlicher Sorge. Ihr Sohn
Andrew diente als Hubschrauberpilot auf einem Flugzeug-
träger. Vorschläge, ihn von der Teilnahme an der Expedition
freizustellen, wies der Palastsprecher in ihrem Namen zurück:
„Andrew ist ein aktiver Offizier und für die Königin ist es
keine Frage, dass er [mit der Expeditionsstreitmacht] gehen
sollte."[7]

Die Falkland-Inseln wurden zurückerobert, wenn auch
unter Verlusten. Elizabeth war erleichtert darüber, dass der
argentinischen Aggression kein Erfolg beschieden war. Dass
man Diktatoren nicht mit Appeasement-Politik beikommen
kann, ist eine Lektion, die gerade Großbritannien in bitteren
Stunden hat lernen müssen. Was immer Elizabeth bei Margaret Thatchers Anblick empfinden mochte – sie war zumindest
kein vertrauensseliger Chamberlain. Weniger Gefallen fand
die Queen als nominelle Oberkommandierende der Streit-
kräfte daran, dass es im Wesentlichen die Premierministerin
war, die die Siegesparaden abnahm. Und noch etwas störte
sie an Mrs. Thatcher: Die Regierungschefin, der im folgenden
Jahr ein rauschender Wahlsieg beschieden war, ging mehr und
mehr dazu über, von sich selbst im Pluralis Majestatis als *We*
zu sprechen.

Anmerkungen

1 The Guardian, 5. Mai 1977.
2 Ebd., 8. Juni 1977.
3 Pimlott, S. 450.
4 Daily Telegraph, 5. Februar 1977.
5 Sunday Times, 29. Mai 1977.
6 Zit. n. Pimlott, S. 465.
7 Zit. n. Pimlott, S. 487.

Charles und Diana

Zu den wichtigsten Aufgaben eines Monarchen oder einer Monarchin gehört es, den Fortbestand der Dynastie zu sichern. Elizabeth hatte diese Pflicht vorbildlich erfüllt, indem sie vier Kinder in die Welt gesetzt hatte. Doch wie stand es um die übernächste Generation? Als Prince Charles 1978 das dreißigste Lebensjahr vollendete, erhielten öffentliche Spekulationen um Familienstand und künftige Erben des Prince of Wales neue Nahrung, hatten doch praktisch alle seine Vorfahren auf dem Thron in diesem Alter längst eine Familie gegründet. Einen Grund, sich Sorgen zu machen, gab es keineswegs – Charles war stets mit attraktiven jungen Frauen und selten mit gut aussehenden jungen Herren in der Öffentlichkeit gesehen worden, worin er sich nachdrücklich von seinem jüngsten Bruder Edward unterschied. Eine dauerhafte Verbindung einzugehen, war dem oft als sensibel, gelegentlich auch etwas linkisch beschriebenen Thronerben indes nicht gelungen.

Elizabeth wusste, dass der Grund dafür nicht unbedingt und ausschließlich bei Charles liegen musste. Die Aussicht, ein Leben im Goldenen Käfig des Buckingham Palace unter ständiger Observierung durch die Medien zu verbringen, konnte selbstbewusste und lebensfrohe junge Frauen durchaus dazu bewegen, auf Charles Werbung – falls sich der als entscheidungsschwach geltende Prinz dazu hatte durchringen können – mit einem höflichen *No, thanks* zu antworten. So drückte es auch Lady Jane Wellesley, die Tochter des mit Elizabeth befreundeten Herzogs von Wellington und Nachfahre des Siegers von Waterloo aus: „Ich konnte einfach nicht alles aufgeben, um seine Frau zu werden." Dass in diesen Kreisen des britischen Hochadels die Position des Thronanwärters nur einen vergleichsweise bescheidenen Eindruck machte, verdeutlicht Lady Janes spitze Bemerkung gegenüber einem Reporter: „Ich will keinen weiteren Titel, ich habe bereits einen. Vielen Dank!"[1]

Charles hatte durchaus ein waches Interesse an Frauen – beim Anblick barbusiger Tänzerinnen auf den Fidschi-Inseln rief er erfreut aus: „Das ist doch besser als die Wachablösung, nicht wahr?" –, doch er war an Affären, nicht an Romanzen interessiert. Seine Kritiker sahen in seinem Verhältnis zu Frauen Ausdruck einer Unreife, die Erinnerungen an Edward VII. wach werden ließ. Der älteste Sohn Queen Victorias verbrachte die Jahrzehnte des frustrierenden Wartes auf den Moment der Thronbesteigung mit der hemmungslosen Gier nach Sex und Völlerei – Letzteres zumindest konnte man Charles nicht vorwerfen, der immer wieder Phasen des Vegetariertums durchmachte. Ähnlich wie Victoria hat auch Elizabeth im Umgang mit ihrem potentiellen Thronfolger ein schweres Versäumnis begangen. Nie wurde Charles von ihr als solcher behandelt, ja aufgebaut. Seine Ausflüge in die Welt der Esoterik, seine öffentlichen Auslassungen zu Architektur und Ökologie stellen selten mehr dar als das Bemühen eines Suchenden, sich Anerkennung um seiner selbst willen zu verschaffen und nicht auschließlich wegen seines Titels Beachtung zu finden.

Eine lang andauernde, aber unter dynastischen Gesichtspunkten vermeintlich aussichtslose Beziehung war Charles zu Camilla Shand eingegangen. Diese Verbindung hielt er auch aufrecht, nachdem sie einen Offizier der königlichen Garde zu Pferde, Andrew Parker-Bowles, geheiratet hatte. Charles wusste sehr wohl, wie es Großonkel Edward VIII. ergangen war, als dieser eine geschiedene Frau heiraten wollte – und Camilla war zu diesem Zeitpunkt keineswegs geschieden, wenngleich sie gegenüber Wallis Simpson zumindest den unbestreitbaren Vorteil hatte, Engländerin zu sein. Mit der Affäre kokettierte er indes durchaus auch öffentlich. Beim Besuch einer Schule scherzte Charles mit einem Wortspiel, das sich einer konformen deutschen Übersetzung entzieht: *„I hope you infants are enjoying your infancy as much as we adults are enjoying our adultery."*[2]

Eine junge Dame, mit der Charles zumindest eine Zeit lang in der Öffentlichkeit gesehen wurde, war Lady Sarah Spencer. Sie entstammte einer angesehenen Familie des Hochadels, ihr Vater, der achte Earl Spencer, hatte mehrere Jahre als Königlicher Oberstallmeister im Dienst Georges VI. und der jungen Queen Elizabeth gestanden. (Übrigens: welch bemerkenswerte Namensgleichheit – Earl Spencer war der ganz und gar unaristokratische Name des ersten Gatten von Wallis Simpson.) Die Familien hatten weiterhin Kontakt gehalten, und so war weder für Charles noch für die Queen auch der hübsche Teenager eine Unbekannte, der dem Prince of Wales verschiedentlich begegnete, wenn er Lady Sarah zum Rendezvous abholte: ihre jüngere Schwester Diana.

Shy Di

Elizabeth war hoch erfreut, als Charles Diana im September 1980 nach Balmoral einlud. Er hatte die Neunzehnjährige einige Wochen zuvor wiedergesehen und empfand ihre etwas scheue, aber mitfühlende Art als angenehmen Gegensatz zu einigen seiner jüngsten aristokratischen und höchst selbstbewussten *dates*, mit denen es auch schon einmal zu Szenen gekommen war, die dem nach Harmonie strebenden Prinzen stets unangenehm waren. Die Queen war von Diana höchst angetan, nachdem die junge Frau artig erklärte, wie wundervoll sie das Landleben hier in Schottland finde und wie sehr sie sich für Pferde begeistern würde.

Derartige Statements aus Dianas Mund entsprachen, diplomatisch ausgedrückt, nicht so ganz der Wahrheit. Diana war ein Großstadtkind und vermisste London, seine Attraktionen und seine Geschäfte sehr wohl. Vor Pferden hatte sie Angst, nachdem sie im Alter von sechs Jahren von einem Pony gefallen war. Nichtsdestotrotz, sie gab sich alle Mühe, der Queen zu gefallen und ritt sogar mit ihr aus.

Elizabeth pflegte ihrem Sohn in seine Privatangelegenheiten selten hineinzureden, doch sie erkannte sofort, dass das junge Mädchen alle Bedingungen erfüllte, die an die Gattin eines

Prince of Wales und damit an eine potentielle englische Königin gestellt wurden: Diana entstammte einer angesehenen Familie des englischen Landadels, wusste sich zu benehmen, war protestantisch und, der wichtigste Punkt, offenbar noch Jungfrau; es bestand also keine Gefahr, dass Reporter in einer wie auch immer gearteten „Vergangenheit" fündig würden. Was die Queen allerdings nicht sah, war die Tatsache, dass sich hinter dem hübschen Gesicht mit dem bald zum Markenzeichen werdenden etwas scheuen Lächeln (*Shy Di*) eine komplizierte Persönlichkeit verbarg, die deutliche Zeichen der Traumatisierung einer von der zerbrochenen Ehe der Eltern geprägten Kindheit trug. Für die vor ihr liegende Rolle war Diana nicht gerade gut vorbereitet. „In gewisser Weise", so erinnerte sich ein ehemaliger Nachbar, „war sie ein trauriges kleines Kind, nicht krankhaft, aber verloren und sicherlich vereinsamt. Was Diana nicht hatte und was sie sehr vermisste, war eine richtige Familie. Sie mochte die Tochter des Erben eines großen Titels sein, aber jedes kleine Mädchen mit einem normalen Vater und einer normalen Mutter aus, wenn Sie so wollen, einem Hinterstraßen-Haus des Londoner East End war bei weitem reicher."[3]

Wenn Diana eine Familie suchte, in Buckingham Palace wurde sie nicht fündig. Dafür mag auch Elizabeth Verantwortung tragen, die trotz all ihres Wohlwollens Diana gegenüber stets zu sehr Staats- und Familienoberhaupt war, als dass die junge Frau bei ihrer künftigen Schwiegermutter eine Schulter zum Anlehnen gefunden hätte. Wie emotional verarmt Lady Di aufgrund ihres Lebenslaufes war, fasste ein Kritiker des Hauses Windsor in die wenig vorteilhaften Worte: „In ihrer Kindheit ging sie nie ins Theater oder in den Zoo oder in den Zirkus; ihr Leben entbehrte der Konstanz und Liebe so sehr wie es ihm auch an Bildung mangelte."[4]

Diana war unsicher und suchte Zuneigung, Liebe und Zärtlichkeit in einem Ausmaß, das ihr nicht nur der etwas steife Charles nicht zu geben in der Lage war, sondern für die der formelle, von Diana bald als kalt, wenn nicht gar als grausam empfundene Hof Elizabeths der denkbar ungünstigste Nährboden war. Das nach außen hin bescheidene Auftreten des

Mädchens gab Elizabeth keinen Anlass zu der Vermutung, dass Diana in hohem Maße nach Aufmerksamkeit strebte und vermutlich eine mehr als nur leichte Spur von Narzissmus in sich trug. Bei all ihrer späteren ostentativen Abneigung gegen die Medien im Allgemeinen und gegen Pressefotografen im Besonderen konnte es die spätere Princess of Wales in Rage versetzen, wenn ein öffentlicher Auftritt von ihr nicht die gebührende Beachtung fand und sie sich statt auf dem Titelblatt lediglich auf Seite 17 wiederfand.

Und über einen Mangel an Aufmerksamkeit brauchte Diana sich wahrlich nicht beklagen. Die Presse, für die die Wahl einer Ehepartnerin durch den Prince of Wales längst eine auflagenfördernde Staatsangelegenheit geworden war, hatte Wind von Dianas Aufenthalt auf Schloss Balmoral bekommen und stellte der jungen Frau in Kompaniestärke nach. Als sie wenige Tage später an ihrem damaligen Arbeitsplatz, einem Kindergarten, eintraf, brach ein Blitzlichtgewitter über sie herein. Das berühmte, an diesem Septembertag entstandene Foto Dianas mit einem Kind auf dem Arm und in einem – dank des von hinten einfallenden Sonnenlichtes – durchsichtigen Rock, Lieblichkeit, Fürsorge und Erotik in unschlagbarer Kombination ausdrückend, erlangte schnell Kultcharakter und markiert den Beginn der Kreierung eines Medienstars, wie es ihn im 20. Jahrhundert bislang nicht gegeben hatte. Wie groß in diesem Zeitalter auch immer der Trubel um weibliche Schönheitsideale wie Brigitte Bardot oder Marylin Monroe gewesen war – Diana Spencer würde sie alle in den Schatten stellen und im Laufe eines allzu kurzen Lebens zur meist fotografierten Fau ihrer Epoche aufsteigen, ein Aufstieg, der mit einem hohen Preis einherging.

Wie so oft, konnte Charles sich zunächst zu keiner Entscheidung durchringen. Aus seinem familiären Umfeld und vor allem von der Queen Mother, die für ihn eine Vertrauensperson ersten Grades war und ist, wurde ihm indes bedeutet, dass es allmählich Zeit würde zu heiraten und dass ein Mädchen von Dianas Qualität nicht ewig auf ihn warten würde. Auch Philip übte Druck auf seinen Sohn aus. Später hat Charles seinem Vater vorgeworfen, ihn mit einem Ultimatum geradezu in diese unglücklich endende Ehe hineingezwungen zu haben. Charles gehorchte. Zur Freude Elizabeths wurde am 24. Februar 1981 die Verlobung der beiden offiziell verkündet. Diana war zweifellos – mit all der Fähigkeit zum Tagtraum, die einem mit Neunzehn noch gegeben ist – aufrichtig in Charles verliebt, allerdings sicher auch in die Aussicht, eines Tages an seiner Seite Königin zu werden. Charles hingegen gab vor Reportern auf die Frage, ob auch er verliebt sei, eine Antwort, die man durchaus als Warnzeichen hätte interpretieren können: „Was immer Liebe bedeuten mag." Dies war sicher nicht die Leidenschaft eines Mannes, der sich vor dem schönsten Ereignis seines Lebens sah.

Hochzeit ohne Happyend

Wie viel Elizabeth von den sich bald entwickelnden Schwierigkeiten des alles andere als glücklichen Paares erfuhr, von Dianas Bulimie, von ihrem Hass auf Camilla Bowles, von der ihr Charles in einem seiner unglücklichsten Momente erzählt hatte, bleibt Spekulation. Dass Diana sich mit dem Gedanken trug, die Hochzeit abzusagen (nach eigenen, wenn auch späteren Angaben, wollte sie noch in der St. Paul's Cathedral auf dem Weg zum Altar umkehren), dürfte der Queen entgangen sein – nicht jedoch den beiden älteren Spencer-Schwestern, die Diana, ihren Spitznamen aus Kindertagen gebrauchend, den wenig verheißungsvollen Rat gaben: „Wirklich Pech, Duch, aber Dein Gesicht ist jetzt schon auf den Teedeckchen, es ist also jetzt zu spät, um sich zu verpissen!"[5]

Die Hochzeit von Charles und Diana am 29. Juli 1981 wurde von etwa 750 Millionen Menschen weltweit live mitverfolgt – nie in ihrem Leben war Elizabeth vor einem so großen Publikum aufgetreten und doch, selten war ihr so wenig Beachtung zuteil geworden. Die Blicke der Menschen vor dem Buckingham Palace und vor den Fernsehgeräten richteten sich in erster Linie auf die schöne, junge Frau, die einem Märchenbuch entsprungen zu sein schien. Der Kuss des Paares auf jenem Balkon, auf dem Elizabeth II. in so vielen wichtigen Momenten ihres eigenen Lebens, so auch bei ihrer Hochzeit vor fast 35 Jahren, gestanden hatte, wurde zum Symbol der Faszination, welche die britische Monarchie immer noch, ungeachtet aller in schöner Regelmäßigkeit über sie hereinprasselnden Kritik, auszuüben vermag. Mit der Kenntnis der späteren Entwicklungen ausgestattet, sieht man in der zärtlichen Geste indes eher einen Ausdruck dafür, wie sehr diese Institution unter den Anforderungen eines nach Unterhaltung schreienden Publikums den Charakter einer Seifenoper annahm.

Es dürfte Elizabeth allerdings zu Ohren gekommen sein, dass schon die Hochzeitsreise einem Fiasko nahe kam. Charles saß auf dem Deck der königlichen Yacht *Britannia*, die das Paar von Gibraltar nach Ägypten brachte, in ein Buch seines Lieblingsgurus vertieft, während Diana mit den jüngeren Besatzungsmitgliedern fröhlich herumtollte. „Älterer Ehemann und Bücherwurm, junge, lebenslustige Frau: es ist wie eine Szene von Boccaccio"[6], nannte dies ein Beobachter. Bald nach der Rückkehr merkte jedoch auch Elizabeth in aller Deutlichkeit, dass mit der Schwiegertochter etwas nicht stimmen konnte, als sie beim gemeinsamen Dinner ihr Essen von einer Ecke des Tellers in die andere schob. „Ich weiß nicht", meinte die Queen, „wie sie mit einem Staatsbankett fertig werden will, wenn sie schon ein Familienessen nicht durchsteht."[7] Bald berichteten ihr die Bediensteten, dass der königliche Haushalt plötzlich einen sprunghaft gestiegenen Verbrauch an *Frosted flakes* hatte – Diana stopfte sich vor allem nächtens mit diesen gezuckerten Frühstücksflocken voll, um sich dann umgehend manuell wieder davon zu befreien. Die junge Frau hätte Hilfe bitter nötig gehabt. In ihrer neuen Familie war man offenbar damit überfordert.

Die dynastisch wichtigste Aufgabe erfüllte das junge Paar trotz aller schnell kulminierenden Misshelligkeiten. Am 21. Juni 1982 wurde der potentielle übernächste englische König geboren. Elizabeth kommentierte den Anblick von Prince William, ihrem neuesten Enkel, mit den dankbaren Worten: „Wenigstens hat er nicht die Ohren seines Vaters."[8] Gut zwei Jahre später, im September 1984, kam Henry (genannt „Harry") zur Welt. Die Königin war und ist mit Leib und Seele Großmutter, und wie nicht ganz selten in so vielen Familien sind Großeltern eher dazu in der Lage, sich, von der direkten Verantwortung befreit, mit besonderer Liebe ihren Enkeln zuzuwenden.

Die Eheprobleme von Charles, ergänzt durch eine ähnliche, sich bei Anne und Mark Phillips anbahnende Entwicklung, gaben Elizabeth ein Gefühl der Hilflosigkeit, war ihren beiden ältesten Kindern doch die Sicherheit einer intakten Familie nicht länger beschert, die für sie selbst einst unter der Obhut ihres Vaters Georges VI. selbstverständlich gewesen war.

Unsicherheit in noch greifbarerer Form erlebte sie wenige Tage nach Prinz Williams Geburt. Als die Königin am Morgen des 9. Juli 1982 in ihrem Schlafzimmer im Buckingham Palace aufwachte, sah sie zu ihrem Entsetzen einen wildfremden Mann an ihrem Bett stehen. Der 31-jährige Michael Fagan hatte sich unbemerkt Zugang verschafft und wollte mit der Queen persönlich über seine familiären Probleme und über das Los der arbeitenden Klasse in Großbritannien sprechen. Für einen derartigen Kontakt mit Repräsentanten der einfacheren Bevölkerungsschicht hatte Elizabeth um Viertel nach Sieben des Morgens wenig Sinn. Der diensthabende Diener indes war nicht erreichbar, da mit den Corgis gerade auf Ausgang. Elizabeth behielt jedoch die Nerven und sprach ruhig mit Fagan, obwohl dieser gehofft hatte, dass die Königin etwas mehr auf seine Probleme eingegangen wäre. Nach einigen Minuten, die ihr wie eine Ewigkeit vorkamen, tauchten zunächst ein Zimmermädchen, dann auch der Diener und schließlich ein Polizist auf, der Fagan festnahm. Der Besucher war harmlos und offenbar ein wenig schizophren. Elizabeth und die Kommentatoren, die für die Nervenstärke Ihrer Majestät nur Worte der Bewunderung fanden, fragten sich allerdings zu recht, was passiert wäre, wenn der IRA ein ähnlich ungestörter Zugang gelungen wäre – der verheerende Bombenanschlag der irischen Terrororganisation gegen die berittene Garde lag noch nicht so lange zurück.

Elizabeths Vertrauen in die Sicherheitsmaßnahmen bei Hofe

wurde völlig erschüttert, als herauskam, dass Fagan bei früherer Gelegenheit sich schon einmal Zugang zum Palast verschafft und sich dabei an den königlichen Weinvorräten gütlich getan hatte. Ein Nebeneffekt des Zwischenfalles: Die Öffentlichkeit erfuhr, dass die Queen und Prinz Philip getrennte Schlafzimmer hatten. An ihren Mann hatte die Queen nach eigenem Bekunden in der kritischen Situation zuvörderst gedacht: „Was mir wirklich Sorge machte, war, dass Prince Philip jeden Moment hätte hereinkommen können. Dann wäre die Hölle losgewesen!"[9]

Ein Lichtblick – Andrew und Sarah Ferguson?

Nachdem Charles' Eheprobleme die Queen zusehends belasteten, konnte sie nur hoffen, dass Andrew mehr Gück hatte. Er war stets ihr Lieblingssohn gewesen, was viele, die den Prinzen kannten, nicht unbedingt verstanden. Aus dem schwer erziehbaren Kind war nach Einschätzung mancher Beobachter ein verzogener Erwachsener geworden, ohne erkennbare geistige Interessen und mit einer Neigung zu derben, gelegentlich fast brutalen Späßen. Nach einer Reihe von Affären und einer Vielzahl geschmackloser Vergnügungen mit seinen Kameraden von der Royal Navy entschloss er sich im Frühjahr, Lady Sarah Ferguson zu heiraten, eine lebenslustige, extrovertierte junge Frau. Elizabeth und auch Philip waren von dieser Wahl angetan. Beide hofften, dass Sarah den Prinzen zu einem verantwortungsvollen Familienvater machen würde, ihre offene Art gefiel – noch. Sarah war aufrichtig entflammt – behauptete jedenfalls ihr Vater: „Sie ist entweder in Andrew verliebt oder in die königliche Familie. Ich glaube, in letztere."[10]

Mit der Eheschließung im Juli 1986 wurden Andrew und Sarah zum Herzog und zur Herzogin von York – immerhin ein Titel, den Elizabeths Eltern einst gehalten hatten. Von der Seriosität dieser Generation war bei den jungen Yorks nicht viel zu spüren: „Die neue Generation der Yorks war ein vergnügungssüchtiges, harmloses Paar, unreif und an allem uninteressiert außer an sich selbst und einem Leben des Müßigganges."[11] Auch dieses Paar schenkte der Queen zwei reizende Enkelkinder, die Töchter Beatrice (geb. 1988) und Eugenie (geb. 1990), aber ebenso jede Menge Kummer.

Anmerkungen

1 Seward, S. 41.
2 Zit. n. Spoto, S. 398.
3 Zit. n. Spoto, S. 401.
4 Zit. n. Spoto, ebd.
5 Zit. n. Bradford, S. 441.
6 Zit. n. Bradford, S. 443.
7 Zit. n. Spoto, S. 413.
8 Zit. n. Bradford, S. 445.
9 Zit. n. Spoto, S. 419.
10 Zit. n. Spoto, S. 422.
11 Spoto, S. 423.

Ein Imageproblem

„Traurig, aber nicht überrascht" war Elizabeth dem offiziellen Kommuniqué nach, als ihre Tochter Anne und Mark Phillips nach 16 Jahren Ehe 1989 ihre Trennung verkündeten. Es war die erste Scheidung eines ihrer Kinder, die sie miterleben musste, weitere würden binnen kurzem folgen. Die Scheidung verlief, gemessen an dem „Krieg der Windsors" (Charles und Dianas Streitereien) und dem, was auf die Yorks zukam, geradezu zivilisiert ab. Anne sorgte dafür, dass ihre Kinder Peter und Zara durch die Trennung ihrer Eltern nicht über Gebühr traumatisiert wurden. Überhaupt war es ihr gelungen, die beiden aus den Schlagzeilen herauszuhalten. Peter und Zara führten von allen Enkelkindern Elizabeths wahrscheinlich das normalste Leben, ohne royalen Pomp und anerzogene Hochnäsigkeit.

Anne war dasjenige unter Elizabeths Kindern, das sich inzwischen des größten Respekts erfreute. Die offene, oft in ihrer Ausdrucksweise etwas barsche Frau zeigte über Jahre für den Hilfsfond *Save the Children* ein Engagement, das so ziemlich alles in den Schatten stellte, was bei den Windsors bislang an karitativem Werk verrichtet worden war. Sie besuchte die ärmsten Regionen der Erde, sprach mit den Opfern von Erdbeben, Dürre und Hungersnot und klagte nie, selbst wenn ihre Lebensumstände dabei beschwerlich oder auch gefährlich waren. Die Princess Royal war ganz offensichtlich bodenständiger und für menschliche Not sensibler als jedes andere Mitglied ihrer Familie – erst die Diana der späteren Jahre zeigte einen ähnlichen Einsatz für Arme, Kranke und vor allem für Not leidende Kinder. Anne, deren Verhältnis zu den Medien stets gespannt gewesen war, wurde von ihnen inzwischen mit unverhohlener Hochachtung als die „aufblühende Prinzessin" tituliert. Ihre Ernsthaftigkeit und ihr Einsatz für eine sinnvolle Sache standen in größtem Kontrast zu ihren Polo spielenden, Parties feiernden Brüdern. Gelegentlich wurde sogar die eine oder andere Stimme laut, die in Anne die ideale Nachfolgerin für Elizabeth II. sahen – in Verkennung der Thronfolgeregelung, in der sie einen aussichtslosen Platz einnimmt.

Elizabeth hatte allerdings erkennen müssen, dass es längst nicht mehr die dem Gemeinwohl dienenden Aspekte des königlichen Amtes waren – die Besuche von Kinderkrankenhäusern und Veteranenheimen, die Eröffnung von Museen und die Ehrung von Verstorbenen –, die auf das primäre Interesse der Medien stießen. Mit wesentlich größerer Begeisterung wurden die Fehltritte und Pannen ausgeschlachtet, von denen sich Elizabeth so gut wie keine, ihre Angehörigen aber desto mehr leisteten. Ihr Gatte, Prince Philip, trug seinen Anteil zu dieser Art der Berichterstattung bei. Immer schon ein Freund des impulsiven Wortes, griffen die Reporter begierig jeden seiner rhetorischen Fauxpas auf. Selten war das, was der auch im Alter noch gewohnt temperamentvolle Mann von sich gab, wirklich als bösartig intendiert – in den Schlagzeilen sah es meist viel dramatischer aus.

Bei einem Besuch in China im Herbst 1986 zeigte er sich einer Gruppe dort studierender junger Briten in all seiner Jovialität, als er äußerte, dass sie bei einem zu langen Aufenthalt im Reich der Mitte bestimmt Schlitzaugen bekommen würden. Für Verfechter der als Political Correctness geltenden Sprach- und Gedankenzensur, deren es auch in Großbritannien genügend gibt und deren Vorrat an Humor meist recht dürftig ist, war dergleichen flapsige Bemerkung ein rotes Tuch. Die Überschriften in den Gazetten kündeten von einer schweren Beleidigung der Chinesen durch den Herzog von Edinburgh und von Verärgerung der Gastgeber. Außenminister Sir Geoffrey Howe fühlte sich bemüßigt, sich für Philips Äußerung bei seinem chinesischen Amtskollegen zu entschuldigen. Dieser konnte damit nicht viel anfangen, da in China niemand des Prinzen Bemerkung wirklich übel genommen hatte.

Elizabeth dürfte die künstliche Aufregung um Philips eigentümlichen Sinn für Humor nicht überrascht haben, pflasterte doch der eine oder andere verbale Ausrutscher des Herzogs den gemeinsamen Lebensweg. Einige Jahre zuvor hatte er bei der Eröffnung eines Anbaus des Rathauses von Vancouver völlig vergessen, worum es bei seiner Rede eigentlich gehen sollte und die Kanadier mit seinen feierlichen Worten geschockt: „Ich erkläre dieses Ding für eröffnet – was immer es sein soll."[1] Philip hatte allerdings auch Respekt vor Menschen, die ihm mit Schlagfertigkeit Paroli boten. Dergleichen war im Gespräch mit einem brasilianischen Offizier passiert, den der Prinz auf seine große Zahl von an der Uniformjacke befestigten Orden ansprach. Die habe er, so der Militär, im Krieg verliehen bekommen. „Ich wusste gar nicht, dass Brasilien sich so lange im Krieg befunden hat", stichelte Philip. Worauf die Antwort kam: „Zumindest, Sir, habe ich sie nicht bekommen, weil ich meine Frau geheiratet habe."[2]

Die Medien auf der Suche nach Peinlichkeiten

Ab den späten achtziger Jahren sah sich die Monarchie – weniger Elizabeth persönlich – einer stetig wachsenden Kritik ausgesetzt, die Existenzberechtigung der Institution wurde drängender hinterfragt als zu Altrinchams Zeiten. Selbst in alles andere als umstürzlerischen Blättern wie der *Financial Times* wurde von einer „überdehnten Multigenerations-Dynastie, bar jeder kulturellen Richtung, jeden Zweckes und jeder Berechtigung"[3] gesprochen. Elizabeth fiel es schwer, derartige Kommentare und gelegentlich wenig schmeichelhafte Umfragen zu verstehen, waren ihre eigenen Erfahrungen beim Kontakt mit der Bevölkerung doch so ganz anders. Wo immer sie auftauchte, wurde sie freundlich und mit Beifall empfangen. Besonders laut waren die Beifallsrufe, wenn die allseits verehrte Queen Mum im Schlepptau ihrer Tochter auftauchte, auch wenn die huldvolle Konversation der alten Dame mit den Untertanen sich meist auf einen einzigen, vor wandelndem Publikum stets wiederholten Satz voller innerer Dramatik beschränkte: *Aren't the flowers lovely?*

Erschwerend kam hinzu, dass die Windsors in PR-Angelegenheiten nur selten eine glückliche Hand hatten. Elizabeths jüngster Sohn Edward, der als Produktionsassistent bei einer Theatergesellschaft tätig war, und somit als Einziger der Familie einer geregelten Arbeit im bürgerlichen Sinne nachging, hatte die bestechende Idee, dass die jüngeren Windsors in einer Folge einer Slapstick-TV-Serie mit dem beziehungsreichen Titel *It's a Knockout* mitmachen sollten. Der Gedanke, dabei auch auf Annes „Save the Children-Fond" aufmerksam zu machen, war durchaus nobel, die Ausführung allerdings hochgradig peinlich. Vor einem Millionenpublikum ließen Anne, Sarah, Andrew und Edward sich zum Narren machen – Queen Elizabeth mag sich vor dem heimischen Fernseher im Buckingham Palace die Magenmuskulatur zusammengezogen haben. Andrew Morton, später Autor von Dianas halbautorisierter Biografie, schrieb in der Zeitung *Star*: „Wir haben gerade die Selbstzerstörung der königlichen Familie miterlebt."[4] Auf einer Pressekonferenz sah sich Edward als der für die Burleske Verantwortliche einem Hagel unangenehmer Fragen ausgesetzt.

Auch andere Versuche, eine real kaum existierende Volksverbundenheit zu demonstrieren, schlugen fehl. Inmitten einer sportbegeisterten Bevölkerung nimmt die königliche Familie aus freien Stücken die Stellung eines Außenseiters ein. Das Lieblingsspiel der Windsors ist Polo, eine Sportart, die für den voreingenommenen Zuschauer eher langweilig wirkt und die man am ehesten besucht, wenn man darauf erpicht ist, Schulter an Schulter mit den Reichen, Adeligen und Schönen gesehen zu werden. Philip war bis ins reife Alter ein guter Polospieler, Charles kam in dieser Hinsicht ausnahmsweise nach seinem Vater. Die Sportart der Massen jedoch ist Fußball. Dennoch hat sich Queen Elizabeth niemals beim Höhepunkt des britischen Fußballjahres, dem Cup-Finale im traditionsreichen Wembley-Stadion, blicken lassen. Der Pokal wurde stets vom Herzog von Kent überreicht (seine Gattin übernimmt eine ähnlich verantwortungsvolle Funktion beim Tennisturnier in Wimbledon), bis man Mitte der neunziger Jahre Charles mit dieser Aufgabe betraute. Zum Entsetzen der Reporter und unter Gegröle der Fans machte der Prince of Wales Anstalten, den Pokal der unterlegenen Mannschaft zu überreichen – besser kann man seine Verachtung für die Freizeitgestaltung der so genannten unteren Klasse kaum demonstrieren.

Die Suche der Presse nach Peinlichkeiten machte inzwischen längst nicht mehr bei der Königsfamilie Halt, auch die Verwandtschaft der Angeheirateten wurde unter die Lupe genommen. Wieder einmal war Elizabeth *not amused* – diesmal hatte es Sarahs Vater, Major Ronald Ferguson, erwischt. Der vitale, reife Herr war dabei beobachtet – und fotografiert worden, wie er einen Massagesalon im Londoner West End verlassen hatte, wo er ein wenig Zerstreuung von den Widerwärtigkeiten des Alltages im Ruhestand gesucht hatte. Dass Ferguson nicht nur Andrews Schwiegervater, sondern auch Polomanager von Prince Charles war, machte ihn geradezu doppelt titelseitenträchtig. Die scheinbar nicht enden wollende Abfolge von Skandälchen brachte selbst die *Times* dazu, von einem um sich greifenden Republikanismus zu sprechen „wenn die gegenwärtigen lächerlichen Übungen nicht aufhören."[5]

In die Kritik geriet die Monarchie stets, wenn es ums Geld ging – vor allem um das Geld des britischen Steuerzahlers. Es war eine der letzten Amtshandlungen ausgerechnet von Margaret Thatcher, zu der Elizabeth ein gespanntes Verhältnis hatte wie zu kaum einem ihrer Premierminister, die *Civil List*, die Zuwendungen für die königliche Hofhaltung, kräftig anzuheben. Ob dies ein Akt der Bewunderung der Königin durch die konservative Politikerin war oder ob sie Elizabeth quasi als Abschiedsgeschenk ein Kuckucksei ins Nest legen wollte, bleibt Spekulation. Elizabeth II. erlebte jedenfalls zum wiederholten Male während ihrer Regentschaft die alte und doch stets junge Diskussion in der Öffentlichkeit – oder vielmehr in dem Teil, den die Medien zu Wort kommen ließen – darüber, ob die angeblich reichste Frau der Welt vom hart arbeitenden britischen Steuerzahler auch noch alimentiert werden sollte. Wieder einmal rechneten die Gazetten ihren Lesern genüsslich vor, welche Einkünfte Elizabeth – steuerfrei – aus ihren Gütern, Beteiligungen, Aktienpaketen etc. zuflossen: „Wenn Sie diese Zeitschrift gelesen haben, wird Ihre Geldsäckin die Queen um 7000 Pfund reicher sein, wobei es uns um tausend Pfund mehr oder weniger nicht ankommt. Der kalte Wind der Rezession wird nicht unter die Teppiche von Buckingham Palace wehen, nicht, wenn man mehr als 256 Millionen Pfund Einkommensteuer gespart hat."[6] Elizabeth überstand auch diese Neuauflage einer alten Debatte.

Ende des Jahres 1990 musste Margaret Thatcher ihre Handtasche nehmen, nachdem die eigene Partei sie in einem shakespeareesken Intrigenspiel nach mehr als elf Jahren in Downing Street No. 10 gestürzt hatte. Als neuer Premierminister machte John Major der Queen seine Aufwartung. Elizabeth verstand sich auf Anhieb gut mit dem aus einfachen Verhältnissen kommenden Politiker, zu dem sie in den nächsten sechs Jahren ein von gegenseitiger Loyalität und Vertrauen geprägtes Verhältnis entwickelte. Zur Erleichterung Elizabeths, die nie eine „Säbelrasslerin" gewesen war, ging der kurze Golfkrieg im Januar/Februar 1991 ohne größere britische Verluste vonstatten. Auch dieser Konflikt war für die Presse Anlass zu Vorwürfen. Warum, so fragte sogar die eher konservative *Sunday Times*, nahm niemand aus der königlichen Familie am Feldzug zur Befreiung Kuwaits teil? Es war, das musste Elizabeth resigniert einsehen, praktisch unmöglich, es den Leitartiklern recht zu machen.

Ein Jungbrunnen und ein Quell der Erholung in wenig erquicklichen Zeiten ist für Elizabeth stets der Umgang mit Pferden gewesen. Die Queen ist auch in fortgeschrittenem Alter eine hervorragende Reiterin geblieben und ihr untrüglicher Blick für edle Pferde ist nach wie vor scharf. Ihr Gestüt ist wie eh und je ihr Refugium. Sie nimmt großen Anteil an der Aufzucht der Pferde und an ihrem Abschneiden bei den traditionsreichen Renntagen, auf denen sich die britische Hocharistokratie wie zu Victorias und Edwards Zeiten ein Stelldichein gibt. So gut es ihre Pflichten erlauben, besucht sie die Rennen, bei denen Pferde aus ihrem Stall am Start sind, auf Auslandsaufenthalten lässt sie sich telefonisch vom Abschneiden ihrer Lieblinge unterrichten. „Für Elizabeth ist", wie

Sarah Bradford schreibt, „die Wissenschaft der Zucht mehr als nur der Nervenkitzel eines Sportes … Sie ist ein solcher Experte der Blutlinien der Vollblüter, dass sie instinktiv den Stammbaum weiß, ohne ihn im Buch nachzuschauen. Die Expertise, die ihre Großmutter, Queen Mary, mit Blick auf die spinngewebsähnlichen genealogischen Geflechte deutscher Fürstenhäuser besaß, konzentriert Elizabeth auf die Verfeinerung der Zucht von Vollblut-Rennpferden."[7] Es scheint, als könne Elizabeth nie so sehr sie selbst sein, wie beim Besuch der Stallungen, beim Gespräch mit Pflegern und Jockeys und bei der Begutachtung einer Neuerwerbung. Auch mit Blick auf diese privateste Seite im Leben der Queen sei Philip das letzte Wort gegeben. Als ihr einst bei einer Ausstellung ein wissenschaftliches Gerät vorgeführt werden sollte, wehrte der Herzog von Edinburgh dieses Ansinnen mit den alles erklärenden Worten ab: „Sie interessiert sich nur für Dinge, die gleichzeitig Gras fressen und furzen können."

Anmerkungen

1 Spoto, S. 385.
2 Ebd.
3 Financial Times, 8. 2. 1992.
4 Zit. n. Seward, S. 171.
5 The Times, 2. 11. 1987.
6 People, 10. 2. 1990.
7 Bradford, S. 506.

Annus horribilis

Auf dem Kalender der angelsächsischen Welt markierten zwei bemerkenswerte Jubiläen das Jahr 1992: der 500. Jahrestag der Entdeckung Amerikas für die Europäer durch Christoph Columbus und das 40-jährige Thronjubiläum Queen Elizabeths II. Das erstere historische Ereignis wurde mit einer Vielzahl von Festivals, Paraden und Feuerwerken auf dem Kontinent begangen und auch dem einen oder anderen Protest durch eingeborene Amerikaner (von geografisch völlig desorientierten europäischen Entdeckern in der Ära der Entdeckungen „Indianer" getauft), für deren Vorfahren die Landung des Genuesen und aller, die nach ihm kamen, nichts Gutes verhieß. Das andere Ereignis, das durchaus die eine oder andere Feierstunde verdient gehabt hätte, wurde von einer raschen Abfolge von Skandalen, Ärgerlichkeiten und Heimsuchungen überschattet, so dass der Queen jedweder freudiger Rückblick, jede halbwegs zufriedene Reflexion des in vierzig Jahren Geleisteten gründlich vergällt wurde.

Dabei hatte sie noch voller Energie und Kampfesmut gewirkt, als das neue Jahr heraufdämmerte. In ihrer Weihnachtsansprache 1991 bezog sich die Queen auf die vergangenen vierzig Jahre und fügte dieser Retrospektive ein Versprechen an, das auf den Prince of Wales so beglückend wirken musste wie eine Eisdusche im morgendlichen Schlummer. Mit ihren Gebeten und ihrer Hilfe, so versicherte sie den Bürgern Britanniens, und der Liebe und Unterstützung ihrer Familie werde sie auch in den kommenden Jahren ihr Bestes geben, um den Menschen zu dienen. Den immer wieder von den Medien und wohl auch ihrem Nachwuchs insinuierten Gedanken einer Thronentsagung, etwa nach dem Vorbild der niederländischen

Königin Juliana, die nach 32 Regierungsjahren zu Gunsten ihrer Tochter Beatrix abdankte, hatte sie damit eine eindeutige Abfuhr erteilt.

Die Eskapaden der Herzogin von York

Die von ihr gebrauchte Formulierung *with the love and support of my family* muss Elizabeth im neuen Jahr wie ein böser Sarkasmus nachgeklungen haben. Denn ihre Familie lief bei dem Bestreben, das Dasein der Queen auf das Erdenklichste zu erschweren, zu neuen und ungeahnten Höchstleistungen auf. Den Anfang machte Sarah (genannt „Fergie"), die Herzogin von York, die von Elizabeths Hofstaat immer häufiger mit dem schlichten Attribut „vulgär" assoziiert wurde. Fergie war längst der Liebling der Medien geworden, wenn auch in etwas anderem Sinn als Diana. Während diese aufs Überzeugendste eine Mischung aus Edelmut und Leidensfähigkeit zur Schau stellte, die ihre Beliebtheit bei der Bevölkerung allmählich an die Grenze des Mythischen führte, hatte Fergie den Ruf einer Skandalnudel weg. Zwar war ihr Einkaufsrausch keineswegs stärker entwickelt als jener der Princess of Wales, doch was bei der einen als Ausbruch aus einer zur Qual werdenden Ehe interpretiert wurde, galt bei der Schwägerin als weiteres Indiz für einen Charakter, dem jedweder Adel abging. Sarahs Verschwendungs- und Vergnügungssucht wären im Zeitalter des Hedonismus nicht weiter aufgefallen, wäre sie eine normale *upper-class-lady* gewesen. Als Schwiegertochter der Queen jedoch, die bei all ihrem Reichtum von bekannt sparsamem Wesen war, wurde ihr Lebenswandel als wenig schicklich angesehen. Zu Fergies Verteidigung mag angeführt werden, dass die Öffentlichkeit bei ihr und ihrer Schwägerin auch hinsichtlich privater Eskapaden höchst unterschiedliche Maßstäbe anlegte. Die Beziehungen Dianas zu anderen Männern konnten ihrem Ansehen bei den Menschen jenseits der Tore von Buckingham Palace wenig anhaben, bei Fergie trugen die „Freundschaften" zu Herren mit dickem Bankkonto zum endgültigen gesellschaftlichen Sturz und zur Verbannung aus dem engeren Kreis der königlichen Familie bei.

Es war das auf bebilderte Skandalgeschichten spezialisierte Massenblatt *Sun*, das im Januar 1992 den Reigen der Nackenschläge für Elizabeth eröffnete. Wie auch Andrew hatte sich die Queen lange geweigert, Gerüchten über außereheliche Affären der Duchess of York Glauben zu schenken. Was die *Sun* indes in Farbe und auf der Titelseite ihrem Millionenpublikum präsentierte, ließ wenig Platz für Interpretationen. Die Bilder zeigten Fergie in inniger Vertrautheit mit Steven Wyatt, einem texanischen Millionenerben, während eines gemeinsamen Urlaubs in Südfrankreich. Wyatt hatte die Bilder in amerikanischer Unbekümmertheit in seinem Londoner Apartment liegen lassen und nicht damit gerechnet, dass der Fensterputzer seine Chance zu plötzlichem Reichtum aus der Kasse der *Sun* so entschlossen beim Schopfe packte. Was Prince Andrew völlig in Rage brachte, war weniger das junge Glück seiner Gemahlin an der Seite des im Ölgeschäft wirkenden Texaners, als vielmehr die Tatsache, dass der Rivale voller Zärtlichkeit sein – Andrews – Töchterchen Beatrice umarmte und dass man überdies vergessen hatte, der Kleinen einen Badeanzug anzuziehen.

Eine Woche nach Publikation der Bilder wurden Sarah und Andrew bei der Queen auf Schloss Sandringham vorstellig, um sie von der Entscheidung zu unterrichten, sich von einander trennen zu wollen. Elizabeth, so erinnerte sich die Herzogin von York später, sei trauriger gewesen als sie die Queen jemals zuvor erlebt hatte. Für sie war es die zweite Ehe ihrer Kinder, die zerbrach, nachdem sich 1989 Anne bereits von Mark Phillips getrennt hatte. Der 6. Februar, an dem sich der Tod ihres Vaters und damit ihre Thronbesteigung zum vierzigsten Male jährte, wurde angesichts der Gewitterwolken, die das Familienleben der Königin nun permanent verdunkelten, von den Medien eher mit Anteilnahme und Mitleid als mit Jubel begangen. Die seriöse *Times* erlaubte sich gar den Hinweis, dass Elizabeth und mit ihr die Monarchie „von einem Jahrzehnt Diana angeschlagen"[1] waren.

Elizabeth war sich zu diesem Zeitpunkt bewusst, dass ihr Kummer mit dem Scheitern der Ehe Andrews und Sarahs noch längst nicht vorbei war. Diana und Charles hatten inzwischen Anwälte zu Rate gezogen, die sich über das Procedere einer Scheidung den Kopf zerbrechen mussten und, zumindest im juristischen Team des Prince of Wales, froh gewesen sein dürften, dass sich die gesellschaftlichen Maßstäbe seit der größten Krise der Monarchie im 20. Jahrhundert doch beträchtlich gewandelt hatten – man erinnere sich: Edward VIII. hatte dem Thron wegen seiner Liebe zu einer geschiedenen Frau entsagen müssen. Inzwischen war es durchaus denkbar, dass ein geschiedener Thronfolger eines Tages gekrönt werden könnte, auch wenn dies wenig in den Anforderungskatalog passte, den die Church of England an ihren weltlichen Protektor stellte.

Bei all ihrem Einfluss musste Elizabeth den zunehmend giftiger werdenden Auseinandersetzungen zwischen Charles und Diana mit einer sie frustrierenden Hilflosigkeit zusehen. Die Medien sprachen vom *Windsor War* und stellten nur allzu gern das Schlachtfeld für die Auseinandersetzung zur Verfügung. Beide Kontrahenten suchten in den Spalten der Zeitungen und mit Hilfe der TV-Magazine ihre Standpunkte unters Volk zu bringen und die Meinung der Öffentlichkeit zu den eigenen Gunsten zu beeinflussen. Es war ein Wettstreit, in dem Charles hoffnungslos ins Hintertreffen geriet. Diana hatte nicht nur ohnehin längst die Mehrheit der Bevölkerung und der Kolumnisten auf ihrer Seite, sie verstand es durchaus virtuos, auf der Klaviatur der so genannten Vierten Gewalt zu spielen. Der Tod ihres Vaters, Earl Spencer, im März 1992 trug ihr zusätzliche Sympathien ein, denn die Tatsache, dass sie getrennt von Charles zu der Beerdigung anreiste, wurde deutlich zu Lasten ihres Mannes vermerkt und kommentiert. Diana hatte – bei all ihrer ostentativen Abneigung gegen die sie auf Schritt und Tritt verfolgenden Fotografen – ein besonders ausgeprägtes Gespür für die Aussagekraft eines symbolträchtigen Bildes.

Die Aufregung um die Urlaubsbilder der Herzogin von York

hatte sich kaum gelegt, da sorgte eines der berühmtesten Fotos der meistabgelichteten Frau ihrer Zeit für Aufmerksamkeit und gestiegene Auflagen. Auf einer Reise nach Indien hatte Diana sich mit melancholischer Miene auf einer Bank vor dem Tadsch Mahal sitzend, ablichten lassen – jenem gewaltigen Palast, den einst ein trauernder Herrscher als Monument für seine verstorbene, heiß geliebte Frau hatte bauen lassen. Für den Zeitungsleser in Großbritannien sprach das Dokument Bände: Vor einem Tempel der Liebe saß die von ihrem verschrobenen, kalten Mann so grausam Behandelte, der man doch so viel Glück gewünscht hätte.

Der Coup de grâce für Charles' Ansehen und indirekt auch für das Bild der Königin als des Familienvorstandes stand zu diesem Zeitpunkt kurz vor der Drucklegung. Andrew Morton, ein begabter Journalist mit flotter Feder, hatte ein Buch verfasst, das für Furore sorgte. Der Vorabdruck von *Diana: Her True Story* war bereits ab dem 7. Juni 1992 als Fortsetzungsgeschichte in der *Sunday Times* erschienen. Morton konnte bei der Abfassung seines Werkes auf die umfassende Kooperation mit Diana bauen, die ein Interesse daran hatte, ihre Version des Ehelebens öffentlich zu machen. Die Leser erfuhren von der Lieblosigkeit des Gatten und von den vielfältigen Problemen, die eine junge Frau von neunzehn Jahren zu gewärtigen hatte, die den britischen Thronfolger ehelichte – und der in einer als düster und kalt beschriebenen Palastatmosphäre auch niemand zu helfen bereit war. Die Öffentlichkeit erfuhr von Dianas Bulimie, ihrem Sturz während der Schwangerschaft, dem Selbstmordversuch, den diversen therapeutischen Sitzungen. Morton – oder vielmehr Diana, seine wesentliche Quelle – vermieden jedweden direkten Angriff auf die Queen, doch das Ungesagte war deutlich vernehmbar. Auch Elizabeth, so wurde angedeutet, hatte es nicht vermocht, der jungen Schwiegertochter eine Stütze zu sein.

Einer breiten Öffentlichkeit wurde mit Mortons Buch auch die unheilvolle Rolle vorgeführt, die aus der Sichtweise der Princess of Wales Camilla Parker-Bowles spielte. Angeblich hatte diese schon zu Beginn der vermeintlichen Traumhochzeit, schon während des Kusses nach der Hochzeit auf dem

Balkon von Buckingham Palace wie ein unheilvoller Schatten auf dem jungen Glück gelegen. Alles in allem, so machte Dianas Story deutlich, waren die Windsors emotional ziemlich kalt, es konnte den Leser kaum noch verwundern, dass das Produkt eines Lebens in diesem von der wirklichen Welt weitgehend abgeschirmten Kreis zwangsläufig ein so hölzerner Bursche wie Charles sein musste.

Elizabeths Stimmung war durch Mortons Bestseller – das Buch verkaufte sich binnen eines Jahres mehr als vier Millionen Mal und machte den Autor zu einem reichen Mann – permanent gedrückt. Beobachter fanden sie in jenem Sommer verschlossener denn je zuvor, oft auch regelrecht mürrisch. Die üblichen Festtage wie die Geburtstagsparade *Trooping the Colour* absolvierte sie mit dem ihr eigenen Pflichtbewusstsein, doch ohne größeren Enthusiasmus, und auch das 40-jährige Thronjubiläum fiel der Stimmung entsprechend bescheiden aus. Am bemerkenswertesten war noch ein Dinner, an dem alle fünf noch lebenden Premierminister teilnahmen, die im Namen Elizabeths die Regierung geführt hatten und ein ganzes Kapitel, wenn nicht gar einen Folianten britischer Zeitgeschichte repräsentierten: Edward Heath, Harold Wilson, James Callaghan, Margaret Thatcher und der Amtsinhaber John Major.

Beim traditionellen Pferderennen in Ascot bemerkte das überwiegend distinguierte Publikum, dass die Herzogin von York inzwischen aus der königlichen Loge verbannt worden war und dem Einzug der Jockeys von den Plätzen des gemeinen Volkes aus beiwohnen musste. Andrew übrigens gesellte sich aus Loyalität zu seiner in Ungnade gefallenen Frau, damit einen Akt von Rebellion im Miniaturformat gegenüber dem Familienoberhaupt begehend. Fergie hatte keinerlei Chance auf eine Wiederaufnahme in den engeren Zirkel der Windsors, nachdem im August 1992 der *Daily Mirror* abermals Urlaubsfotos von ihr veröffentlichte, die von der Leserschaft inzwischen mit Sensationslust förmlich aufgesogen wurden. Wieder hatte Fergie ein paar schöne Tage in Südfrankreich verbracht, doch der Mann an ihrer Seite war ein anderer als bei den letzten Schnappschüssen. Er hieß John Bryan, kam wie Wyatt aus

Texas, besaß wie dieser ansehnliche pekuniäre Mittel und war damit offiziell Sarahs „finanzieller Berater" – ein Terminus, der schnell Eingang in den der Ironie vorbehaltenen Teil des englischen Sprachschatzes fand. Markant an den Fotos war diesmal, dass Sarah offensichtlich südliche Sonne ohne Bikini-Oberteil zu genießen pflegte und dass Bryan an ihr besonders den großen Zeh zu schätzen pflegte, an dem er genüsslich nuckelte. Elizabeth dürfte beim Anblick der Fotos wohl entsetzt gewesen sein.

Die gleiche Einschätzung dürfte auch dem nächsten Akt im Enthüllungswettbewerb gegolten haben, in den die Boulevardpresse eingetreten war und in dessen Verlauf kein Archiv, kein käuflicher Zeuge und keine noch so finstere Quelle vor den Reportern der Blätter mit den großen Lettern sicher war. Die *Sun* veröffentlichte Auszüge eines Telefongesprächs, das Diana mehr als drei Jahre zuvor mit einem Autohändler namens James Gilbey geführt hatte und in dem neben einigen sexuellen Anzüglichkeiten die Windsors von Diana etwas wenig ladylike als *that fucking family* bezeichnet wurden. Gilbey hatte Diana zärtlich *Squidgy* genannt, was dem Affärchen den Namen *Squidgygate* einbrachte. Wenige Wochen später berichteten die Massenblätter über einen anderen gut aussehenden Herrn, Major James Hewitt, der gleichfalls die einsame und emotional in der Nähe von Charles der Verkümmerung ausgesetzte Diana getröstet hatte.

Dann, im November, kam Charles an die Reihe – ihm widerfuhr *Camillagate*, die Veröffentlichung eines abgehörten Gespräches des Prince of Wales mit Camilla Parker-Bowles, das zweierlei offenbarte. Erstens: Die jungen Angehörigen der englischen Königsfamilie hatten nicht die mindeste Ahnung von der Funktionsweise und damit der Abhöranfälligkeit moderner tragbarer Telefone. Zweitens: Charles konnte verbal durchaus zärtlich sein und auch Humor, wenngleich von eigenwilliger Art, an den Tag legen, wenn er sich mit einer anderen Frau als Diana austauschen konnte. Doch zu einer Steigerung seiner Beliebtheit trug der Abdruck des freizügigen Gesprächs nicht bei. Camilla, die ältere, weit weniger schöne Frau, war längst zum denkbar größten und schlimmsten Gegenpol zu Diana, dem Idol des Volkes, aufgestiegen und mit ihr eine Affäre zu haben und die einsame Prinzessin zu betrügen, wurde als unverzeihlich angesehen. Und zum anderen fanden nur wenige Leser jene Form der Gunstbezeugung besonders geschmackvoll, die Charles erklären ließ, er wäre gern ein Tampon bei Camilla.

Trotz des in seiner Rasanz zunehmenden Schlagabtauschs zwischen ihrem Sohn und ihrer Schwiegertochter hoffte Elizabeth, dem Mahlstrom ehelicher Zerrüttung, ja, des immer häufiger sichtbar werdenden blanken Hasses Einhalt gebieten zu können. Sie suchte den Schein aufrecht und die unvermeidbarerweise heraufbeschworene Krise der Monarchie von den Toren des Buckingham Palace fern halten zu können. Die Queen übte beträchtlichen Druck auf das widerstrebende Paar aus, gemeinsam den repräsentativen Pflichten der Krone nachzukommen, auch wenn Diana diese meist zum Anlass für Sticheleien nahm und angesichts jubelnder Massen ihrem Mann solche Nettigkeiten zuzuraunen pflegte wie: Die Menschen seien nur ihretwegen und nicht seinetwegen gekommen und Charles werde im Übrigen sowieso niemals König. Das Paar gab schließlich Elizabeths Vorhaltungen nach und willigte ein, im Auftrag Ihrer Majestät im Oktober Südkorea zu besuchen.

Was als Maßnahme zu Schadensbegrenzung gedacht war, artete zum PR-Desaster aus. Vor den Augen der allgegenwärtigen Kameras schienen Charles und Diana geradezu angewidert von der Anwesenheit des anderen und legten eine so abweisende Gebärdensprache an den Tag, dass der gastgebende südkoreanische Präsident dem Betrachter der Pressefotos geradezu leid tun musste. Auch Elizabeth war nach diesem Staatsbesuch klar geworden, dass für das Haus Windsor mit dem Prinzen und der Prinzessin von Wales im wahrsten Sinne des Wortes kein Staat mehr zu machen war.

Feuer in Windsor Castle

Mit Gedenktagen hatte Elizabeth in diesem Jahr wahrlich kein Glück. So war sie in einer ohnehin nicht besonders vorteilhaften Position, ihren 45. Hochzeitstag am 20. November 1992 ohne den im fernen Argentinien weilenden Prinz Philip begehen und dessen Abwesenheit erklären zu müssen. Das Schlimmste aber war, dass an diesem Tag Windsor Castle von einem verheerenden Feuer heimgesucht wurde. Mehrere Säle des riesigen Schlosses brannten völlig ab, glücklicherweise kamen keine Menschen zu Schaden, und auch die meisten Kunstschätze konnten vor den Flammen in Sicherheit gebracht werden. Elizabeth besichtigte die noch rauchenden Trümmer und war sichtlich geschockt. Windsor war die Stätte vieler glücklicher Stunden und Tage in ihrer behüteten Kindheit und Jugendzeit gewesen. Den Ort teilweise niedergebrannt zu sehen bereitete ihr unermesslichen Kummer und ließ sie, durch die Skandale der jungen Windsors sensibilisiert, der Verzweiflung nahe kommen. Immerhin hatte die Katastrophe aber auch etwas Gutes: Die Bürger brachten der Königin Sympathiebekundungen wie schon lange nicht mehr entgegen, man sah endlich wieder einmal in der Monarchie eine Institution, die in der Tradition des Landes fest verankert war und nicht nur den Nährboden nicht enden wollender Skandale.

Indes, die Zuneigung stieß an ihre Grenzen, wo es ums Geld ging. Als der für das nationale Kulturerbe zuständige Minister erklärte, die Regierung – und damit der Steuerzahler – werde die Kosten für die Restauration, geschätzt auf etwa 40 Millionen Pfund, übernehmen, schlug dem Kabinett Major und dem Königshaus eine Welle der Empörung entgegen. Es war kaum einzusehen, so der Tenor der Debatte, dass eine Frau, die vom Wirtschaftsmagazin *Fortune* regelmäßig unter die reichsten Personen der Welt platziert wurde, nicht ihren Anteil zur Wiederherstellung des auch von ihr und ihrer Familie genutzten Gebäudes beitrug. In der Tat hatten Elizabeth und ihre Berater schon im Frühjahr mit der Regierung eine Übereinkunft getroffen, wonach die Königin auf ihre Privateinkünfte Steuern

171

zahlen und außerdem die Civil List, die jene Personen umfasste, die von der Regierung Zuschüsse für ihren repräsentativen Dienst am Staate erhielten, auf sie selbst, Prince Philip und die allseits beliebte Queen Mum beschränkt würde. Dass diese Entscheidung erst nach der herben Kritik infolge des Windsor-Brandes öffentlich gemacht wurde, gab ihr einen Anflug von schlechtem Gewissen und war abermals ein Indiz dafür, dass Buckingham Palace und seine Entscheidungsträger in PR-Angelegenheiten nur noch selten ein glückliches Händchen hatten.

Am 24. November sprach eine mitgenommen aussehende Königin in der *Guildhall* (Rathaus in der City von London) davon, dass 1992 sicher nicht das Jahr sei, auf das sie einst mit reinem Vergnügen zurückdenken werde.[2] Es sei vielmehr, wie es ein humanistisch gebildeter Korrespondenzpartner ihr gegenüber bezeichnete, ihr *annus horribilis* gewesen. Das Jahr des Schreckens – Elizabeth sprach diese Formulierung in der Hoffnung aus, dass es als das schlimmste, krisengebeuteltste Jahr ihrer Regierungszeit gelten würde. Sie sollte sich täuschen.

Anmerkungen

1 Zit. n. Pimlott, S. 541.
2 Zu diesem Zeitpunkt wusste sie sicher auch schon, dass Charles und Diana im Dezember offiziell ihre Trennung bekannt geben würden. – Die Ehescheidung erfolgte am 28. August 1996.

Tod in Paris

Es sollte ein unbeschwertes Wochenende sein, vielleicht das letzte dieses Sommers. Die königliche Familie verbrachte die milden Tage eines sich neigenden Augusts auf Schloss Balmoral und führte damit eine Tradition fort, die Queen Victoria begründet hatte. Ähnlich wie ihre Urgroßmutter genoss es Elizabeth, mit ihren Kindern und Enkeln hier am Rande des schottischen Hochlandes die Ferien zu verbringen, fern der politischen Verwicklungen Londons und vor allem der Medien, deren Allgegenwart und ständiges Suchen nach neuen, skandalträchtigen Schlagzeilen die Queen längst als Heimsuchung empfand. Besonders die Prinzen William und Harry, deren Eltern seit einem Jahr geschieden waren, fühlten sich in der Gegenwart einer sichtlich entspannten, von den Belastungen des Monarchendaseins hier weitgehend befreiten Großmutter wohl.

Die Nacht auf den 31. August 1997 erschütterte das Familienglück Elizabeths und das Ansehen der Monarchie – und mit ihr das der Queen – wie kein anderes Ereignis zu ihren Lebzeiten. Gegen zwei Uhr morgens wurde sie geweckt: Aus Paris war die Meldung eingetroffen, dass Diana bei einem schweren Autounfall beteiligt und wahrscheinlich verletzt worden war. Ihr Begleiter, der Playboy und Millionenerbe Dodi Fayed, und der Chauffeur des Wagens waren diesen ersten Berichten zufolge bei dem Unglück umgekommen. Elizabeth ließ Charles wecken, den die Nachricht tief erschütterte. Was immer in den letzten siebzehn Jahren zwischen ihm und Diana vorgefallen war – in dieser Stunde war es vergessen. Charles, bei all seinen Marotten ein durchweg sensibler Mann und liebevoller Vater, umarmte seine Mutter innig (ein emotionaler Ausbruch, der ihm früher schwer gefallen war) und begab sich sofort ans Telefon, um einen Flug nach Paris zu organisieren. Er wollte bei Diana sein und sich selbst davon überzeugen, ob und wie schwer sie verletzt worden war – in der ersten Meldung aus Paris hatte es geheißen, die Princess of Wales habe den Unfallort eigenen Fußes verlassen können. Über die Gesellschaft, in der Diana sich in dieser Nacht befunden hatte, verlor man wenig Worte. Der Vater Dodis, Mohamed al-Fayed, galt in den Augen des Hofes als eine wenig reputierliche Gestalt, dem aus gutem Grund bislang – und dies wiederholt – die britische Staatsangehörigkeit verweigert worden war.

Mitten in diese Vorbereitungen, es war nun gegen 3 Uhr 30, kam ein weiterer Anruf. Sir Robert Janvrin, einer der Sekretäre des Königs, überbrachte Charles die schlimme Nachricht: „Sir, es tut mir sehr leid, Ihnen mitteilen zu müssen, dass ich gerade den Botschafter am Apparat hatte. Die Prinzessin ist gerade gestorben." Eine Hofberichterstatterin schilderte später die Wirkung dieser Botschaft: „Charles war fassungslos und die Tränen, welche die Öffentlichkeit nie zu sehen bekam, begannen zu fließen. Es gab Zeiten, in denen Dianas Verhalten ihn derart zur Verzweiflung gebracht hatte, daß er sie für ‚vollständig verrückt' erklärt hatte. Mit der Endgültigkeit ihres Verlustes konfrontiert, verschwanden auch die Reste aller Bitterkeit und jene Sensibilität kam zum Vorschein, die Diana einst so anziehend gefunden hatte."[1]

Auch Elizabeth war tief erschüttert. Die Erinnerung an all die Jahre des Streites und der Querelen, aus denen sie sich so gut es ging herauszuhalten versucht hatte, waren angesichts der Tragödie vergessen. Die Gedanken der Queen galten vor allem ihren beiden Enkeln, die zu dieser Stunde noch in ihren Zimmern am anderen Ende des Korridors von Balmoral Castle schliefen. Den beiden ihr ans Herz gewachsenen Jungen die Nachricht vom Tod ihrer Mutter zu überbringen, war nun die vielleicht schwerste Aufgabe ihres Lebens. In Trauer mit ihren Enkeln vereint zu sein und diesen in den vor ihr liegenden Tagen beizustehen, sah Elizabeth als ihre wesentliche Aufgabe an. Sich um William und Harry zu kümmern und an die Zukunft ihrer Enkel zu denken, war Elizabeths Form von

Trauerarbeit. Es war gleichwohl nicht jene Art von Trauer, die das Land in diesen Tagen von ihr erwartete.

Wenngleich Elizabeth und Charles in diesen düsteren Stunden an Diana, trotz allem, als ein Mitglied der Familie dachten, so war für andere die Trennung zwischen dem Hof und der Prinzessin alles andere als vergessen. Als Charles beginnen wollte, die Vorbereitung für die Heimführung der sterblichen Überreste Dianas in einem Flugzeug der königlichen Flugbereitschaft zu organisieren, fiel Sir Robert Fellowes, dem Sekretär der Königin und in diesem Moment die Verkörperung einer steifen, fast kalten Unbeweglichkeit, die Diana an Buckingham Palace so gehasst hatte, kein besserer Kommentar ein als der Hinweis darauf, dass so etwas noch nie vorgekommen sei und man es folglich unterlassen sollte. Eine solche Haltung erscheint, was den menschlichen Aspekt anbelangt, besonders bemerkenswert, da Fellowes mit Dianas älterer Schwester Jane verheiratet ist. Charles erkannte in der vor ihm liegenden Woche, dass viele Berater seiner Mutter emotional längst den Kontakt zu den Empfindungen ihrer Millionen Untertanen in Großbritannien und in Übersee verloren hatten.

Das Problem der Überführung war schlagartig gelöst, als Sir Robert Janvrin die Queen unmissverständlich auf die Konsequenzen eines Beharrens auf den Normen der Gestrigkeit hinwies: „Wäre es Ihnen lieber, Ma'am, wenn sie in einem Lieferwagen von Harrods heimkäme?"[2]

Elizabeth fühlte sich inzwischen völlig erschöpft. Etwas hilflos fragte sie ihren Hofstaat, was sie denn nun machen solle. Einer der Getreuen gab eine ehrliche Antwort: „Gehen Sie in Sack und Asche nach Buckingham Palace, Ma'am."[3]

„Man kann es nicht in Worte fassen ..."

Dieser Rat zeigte eine Hellsichtigkeit, die Elizabeth völlig abging. Buckingham Palace und auch Kensington Palace, in dem Diana eine Wohnung hatte, wurden im Laufe des anbrechenden Sonntages zu Wallfahrtsstätten, zu Orten, an denen britische Menschen aller Altersgruppen und aller Gesellschaftsschichten ihren Emotionen auf eine Art freien Lauf ließen, wie man sie bei einem Volk, dem eine gewisse Steifheit und Förmlichkeit nachgesagt wird, nie erwartet hätte. Die ganze Welt nahm in Liveübertragungen Anteil, wie sich das Meer von Blumen, Teddybären und Briefen ausweitete und schließlich den ganzen Vorplatz von Buckingham Palace bedeckte. Die Interviews, die Fernsehanstalten aus fünf Kontinenten vor Ort vornahmen, zeigten in aller Deutlichkeit, dass es für die Menschen eine strikte Unterteilung zwischen *her* und *them* gab – auf der einen Seite Diana, deren Wärme und deren Engagement für die Schwachen der Gesellschaft die Herzen der Bevölkerung gewonnen hatte, und auf der anderen Seite ein als dunkel, verschroben und gefühlskalt empfundener Hofstaat, der der Prinzessin übel mitgespielt hatte und dem die Queen nun einmal unvermeidlicherweise angehörte und gar vorstand. Die Kommentare, die in die Mikrofone gesprochen wurden, müssen Elizabeth und ihre Umgebung (die das Geschehen auf Balmoral im Fernsehen verfolgten) schockiert haben: „Man kann es nicht in Worte fassen", sagte ein junger Mann vor dem St. James Palace, wo viele Bürger bis zu elf Stunden Schlange standen, um sich ins Trauerbuch einzutragen, „ich stehe hier, um sie und ihr Lebenswerk zu ehren. Kein anderer aus der königlichen Familie hat so viel Liebe, so viel Mitgefühl ausgestrahlt wie sie."[4]

Angesichts der trauernden Menschen, viele von ihnen jung, viele von ihnen Briten dunkler Hautfarbe, fragten sich die Medien zu Recht, ob in einem sich rapide wandelnden Großbritannien, einem *cool Britannia*, eine so überkommene und offenbar auch starre Institution wie die Monarchie überleben würde. Eine langjährige Kritikerin der königlichen Familie fand noch schärfere Worte: „Sie waren niemals die Familie von nebenan. Dies ist eine sehr fremde, barbarische, germanische Dynastie. Es war Diana, die uns zeigte, wie unglaublich finster diese Familie ist."[5] Am kräftigsten schlug jedoch die Boulevardpresse auf Elizabeth und ihre Familie ein. Die *Sun*, das auflagenstärkste der Blätter mit den dicken Überschriften, spiegelte Volkes Stimme schmerzlich-exakt wider: „Das Haus

Windsor wirkt wie eine kalte, gefühlsfreie Zone, in der Protokoll und Pflichterfüllung menschliche Emotionen in eine finstere Ecke gedrängt haben. Wo bleiben die Worte und Gesten der königlichen Familie, die uns zeigen, dass sie fähig sind, wie normale Menschen zu empfinden? Oder, wichtiger noch, dass sie Gefühle haben können wie Diana, die dies öffentlich so deutlich machte?"[6]

Doch im Umfeld Elizabeths verstand man die Zeichen der Zeit immer noch nicht und mehr als einmal kam der Terminus „Mob" für jene Menschen auf, die so offen um Diana trauerten und die völlig von der Bildfläche verschwundene königliche Familie in ein so denkbar schlechtes Licht stellten. Auch Elizabeth selbst verstand nicht. Sie sprach davon, eine „kleines" Begräbnis im engen Familienkreis für das Idol von Millionen abzuhalten. Derartige Ignoranz wurde noch von Sir Robert Fellowes übertroffen, der Diana in eine öffentliche Leichenhalle nach Fulham, im Westen Londons, überführen lassen wollte. Charles war über eine solche Hartherzigkeit außer sich und sorgte schließlich dafür, dass seine Ex-Frau in die Kapelle des St. James Palace gebracht wurde. Der Prince of Wales war noch an jenem tragischen Sonntag nach Paris geflogen, um Diana ein letztes Mal zu sehen. Es war ein Anblick, der ihn abermals zu Tränen rührte; er war anschließend froh, die beiden Jungen nicht mitgenommen und ihnen das Bild ihrer toten Mutter erspart zu haben.

Auch die Wirkung von Symbolen wurde in Balmoral nicht verstanden: Die Menschen in London hatten kein Verständnis dafür, dass die Fahne auf Buckingham Palace keineswegs auf Halbmast gezogen war, sondern wie eh und je im Wind flatterte. Eine Palastsprecherin erklärte, es sei unüblich und gegen das Protokoll, diese Fahne nur auf Halbmast wehen zu lassen, dergleichen sei bislang nicht einmal beim Ableben eines Monarchen geschehen. Auch diese Antwort zeigte der Menge und den Kommentatoren, dass im Hause Windsor das Protokoll immer noch Vorrang vor Gefühlen hatte. Die Verärgerung richtete sich zwangsläufig nun immer stärker auf das Oberhaupt dieses Hauses, die Queen. Hierin lag zumindest eine Spur von Ungerechtigkeit, denn Elizabeth hatte mehr als jedes andere Familienmitglied Verständnis für Dianas Probleme gehabt und versucht, wenngleich vergeblich, die Wogen des Streites zu glätten. Andere Familienmitglieder waren der Prinzessin gegenüber weniger feinfühlig gewesen. Philip hatte aus seiner Abneigung gegen Diana in den letzten Jahren keinen Hehl gemacht (sie aus ihrer Abscheu vor dem Schwiegervater allerdings auch nicht) und Princess Margaret stellte sich einmal mehr ins Abseits, als sie, durch Dianas Tod zur Unterbrechung ihres Toskana-Urlaubs gezwungen, sich über den „Rummel, den das unglückliche Mädchen verursacht, das meinen Neffen geheiratet hat"[7], beklagte.

Tony Blairs Einsatz für die britische Monarchie

Am Donnerstag, dem fünften Tag der nationalen Trauer, die längst zur Krise der Monarchie geworden war, senkte sich die Flagge – erstmals in der Geschichte von Buckingham Palace – auf Halbmast. Der Hofstaat der Windsors hatte eine Konzession an den Volkswillen machen müssen, die vielen seiner Mitglieder, Elizabeth eingeschlossen, schwer fiel. Am gleichen Tag spitzte sich auf Balmoral die Situation dramatisch zu. Den weitsichtigeren unter Elizabeths Beratern war klar, dass der nächste Schritt die Heimkehr der Königin nach London sein musste, wenn nicht gar ihr Zugehen auf die dort nach wie vor auf den Straßen und vor den Palasttoren zusammenströmenden Menschen. Prince Andrew, dem noch nie jemand das Prädikat politischer Reife zuerkannt hatte, empörte sich über diesen Vorschlag und brachte sein Credo kurz, bündig und schlicht auf den Punkt: *„The Queen is the Queen. You can't speak to her like that!"*[8] Dies führte zu dem in der Geschichte des Hauses Windsor wohl einmaligen Akt, dass der enge Stab der Königin ihr andeutete, dass man wohl nicht mehr gebraucht werde, wenn die Queen auf die Empfehlungen ihrer Berater nichts gäbe. Es war ein Ultimatum und Elizabeth gab nach.

Entscheidenden Anteil daran, dass ihr und der Monarchie Ansehen in dieser ersten Septemberwoche nicht völlig ruiniert

wurde, hatte der neue Premierminister Tony Blair. Der junge
Regierungschef hatte mit dem wachen Gespür des Berufspo-
litikers für die öffentliche Meinung erkannt, dass Elizabeth
über den Schatten einer verkrusteten Tradition würde springen müssen. Er bemühte sich unablässig, Elizabeth dazu zu
bewegen, jene Rolle einzunehmen, die die Menschen von ihr
erwarteten, nämlich sich an ihre Spitze zu stellen, mit ihnen
zu trauern und sich nicht länger hinter den Mauern von Balmoral und allen noch so ehrwürdigen, aber bei weitem nicht
mehr zeitgemässen Traditionen zu verstecken. Blairs Einsatz
für die Sache der britischen Monarchie war vorbildlich und
letztlich erfolgreich, gedankt worden ist es ihm von Seiten des
Hofes und Elizabeths, der sein telegener Aktionismus suspekt
war, offenbar nicht. Er blieb einer jener Premiers, zu dem sie
keine über das Formale hinausgehende Beziehung entwickelte.

Elizabeth flog nach London und stellte sich der vor Buckingham Palace wartenden Menge. Philip war an ihrer Seite und
bewies einmal mehr, dass er ihr, bei all den unberechenbaren
Seiten seines Temperaments, stets eine Stütze war. Für Elizabeth war das Gespräch, das sie mit den Menschen am Rande
des Blumenmeeres suchte und das eine beträchtliche Portion
Mut erforderte, eine neue und sie erschütternde Erfahrung.
Gleichwohl es nicht, wie befürchtet, zu einem Pfeifkonzert
kam, sah sie sich bohrenden Fragen und auch der einen oder
anderen aufgebrachten Bemerkung („About bloody time" –
Das wurde auch verdammt Zeit!) ausgesetzt. Sie hatte ein
Leben lang die Form gewahrt und so überstand sie auch diesen
canossaähnlichen Gang durch die Menge, doch ihre Mitarbeiter konnten sich anschließend nicht daran erinnern, sie jemals
so fassungs- und orientierungslos gesehen zu haben. Ein Trost
mag immerhin gewesen sein, dass ihr persönlich keine Feindseligkeit entgegengebracht wurde, wohl aber *them* oder *the
palace*, wie auch Diana ihre Gegner wiederholt bezeichnet
hatte.

Die Trauerrede der Queen

Da der Rubikon der Traditionsbewahrung nun einmal überschritten war, bereitete es Elizabeth keinen zusätzlichen Kummer, ein weiteres Mal Neuland zu betreten. Am 5. September wandte sie sich in einer Fernsehansprache an die Bevölkerung und verlas mit einer Stimme, die weniger aristokratischen Akzent zu haben schien als sonst, eine Rede, während im Hintergrund die Kameras durch das geöffnete Fenster den Blick auf den blumenübersäten Vorhof des Palastes einfingen. Jedes Wort in dieser Rede war mit der sprichwörtlichen Goldwaage abgewogen: „Seit der schrecklichen Nachricht vom letzten Sonntag haben wir, in Großbritannien und auf der ganzen Welt, den überwältigenden Ausdruck von Trauer über Dianas Tod miterlebt. Wir alle versuchten auf jeweils eigene Weise damit fertig zu werden. Es ist nicht einfach, das Gefühl des Verlustes auszudrücken, weil der anfängliche Schock oft ein Gemisch anderer Gefühle mit sich zieht: Unglauben, Fassungslosigkeit, Wut – und die Sorge um die, die zurückgeblieben sind. Wir haben in den letzten Tagen all diese Emotionen erlebt. Was ich Ihnen jetzt, als Ihre Königin und als Großmutter, zu sagen habe, sage ich aus tiefstem Herzen.

Als Erstes möchte ich Diana selbst würdigen. Sie war ein außergewöhnlicher, ein begnadeter Mensch. In guten wie in schlechten Zeiten verlor sie nie ihre Fähigkeit zu lächeln und zu lachen und andere mit ihrer Wärme und Güte zu inspirieren. Ich bewunderte und respektierte sie, wegen ihrer Energie und ihres Einsatzes für andere, vor allem aber aufgrund ihrer Hingabe zu ihren beiden Söhnen. In dieser Woche haben wir in Balmoral alle versucht, William und Harry dabei zu helfen, mit diesem verheerenden Verlust, den sie und die übrigen erlitten haben, fertig zu werden.

Niemand, der Diana kannte, wird sie je vergessen. Millionen, die sie nie trafen und die doch das Gefühl hatten, sie zu kennen, werden sich ihrer erinnern. Ich für meinen Teil glaube, dass Lehren aus ihrem Leben und aus der ungewöhnlichen und bewegenden Reaktion auf ihren Tod zu ziehen sind.

Ich teile mit Ihnen die Entschlossenheit, ihr Andenken zu ehren. Dies ist auch eine Gelegenheit für mich, im Namen meiner Familie und vor allem der Prinzen Charles, William und Harry, all jenen zu danken, die Blumen gebracht, Botschaften geschrieben und ihren Respekt für eine bemerkenswerte Person auf so vielfältige Weise zum Ausdruck gebracht haben. Diese Zeichen der Güte waren eine große Quelle von Hilfe und Trost.

Unsere Gedanken sind auch bei Dianas Familie und den Familien jener, die mit ihr starben. Ich weiß, dass auch sie Kraft bezogen haben aus dem, was sich seit letzter Woche ereignet hat, bei dem Bemühen, den Schmerz zu lindern und dann der Zukunft ohne einen geliebten Menschen entgegenzusehen. Ich hoffe, dass wir morgen, wo immer wir sind, gemeinsam unsere Trauer über den Verlust von Diana auszudrücken vermögen und unsere Dankbarkeit für ihr all zu kurzes Leben. Es ist eine Gelegenheit, der ganzen Welt eine in Trauer und Respekt vereinte britische Nation zu zeigen. Mögen die Verstorbenen in Frieden ruhen und mögen wir, ein jeder von uns, Gott für jemanden danken, der viele, viele Menschen glücklich gemacht hat."[9]

Die von mehreren Hundert Millionen Menschen in aller Welt übertragene Trauerfeier für Diana am nächsten Tag stellte den Schlusspunkt einer Woche dar, die für Elizabeth und ihre Familie ein Albtraum war. Die Feier verlief würdig, auch wenn sie für die Windsors noch einmal mit einer öffentlichen Abstrafung einherging. Dianas Bruder Charles, der neunte Earl Spencer, hielt eine brillante Rede, die für die Öffentlichkeit neben Elton Johns Song *„Good-bye, England's Rose"* den Höhepunkt dieses Abschiedes von Diana darstellte. Spencer, auf Grund seiner eigenen Biografie nicht gerade die Idealgestalt eines *family man*, ließ mehr als unverhohlen anklingen, dass man die Erziehung „dieser beiden außergewöhnlichen jungen Männer" William und Harry nicht allein den Windsors überlassen könne – sprich: die für so eine Aufgabe, welche menschliche Qualitäten erfordert, ungeeignet sind – und dass der Weg, den die beiden Jungen beschreiten würden, gemäß Dianas Wunsch nicht nur von Tradition und

Pflichterfüllung geprägt sein dürfe. Einige weitere Seitenhiebe auf Schwager Charles und die Seinen wurden von der Menge vor der Westminster Abbey (wo die Reden aus dem Inneren der Kirche per Lautsprecher übertragen wurden) mit lauten Bekundungen der Zustimmung quittiert. Elizabeth und Charles ließen die rhetorische Geißelung mit steinernen Mienen über sich ergehen, selbst Philip bewahrte ohne ein Zucken der Wimpern die Contenance. Vermutlich hatte die königliche Familie noch viel Schlimmeres von dem Earl erwartet, dessen Stand es ihm ermöglichte, der Queen fast von gleicher Höhe in die Augen zu schauen.

Als Diana auf dem Familienstammsitz Althorp (in Northhamptonshire) zur letzten Ruhe gebettet wurde, blieb Elizabeth nur, auf die heilende Wirkung der Zeit zu vertrauen. Die Krise war überstanden, doch die Monarchie hatte mehr als nur ein paar Kratzer abbekommen. Die Lehren, von denen die Queen gesprochen hatte, mussten gezogen werden, von ihr, mehr aber noch von der nachfolgenden Generation. Ob diese dazu in der Lage war, dürfte eine Frage sein, die Elizabeth mehr als nur einmal um den Schlaf brachte.

Anmerkungen

1 Seward, S. 13.
2 Zit. n. Seward, S. 16.
3 Zit. n. Seward, ebd.
4 Zit. n. Washington Post, 4. Sept. 1997.
5 Julie Burchill in: ebd.
6 The Sun, 4. Sept. 1997.
7 Zit. n. Seward, S. 23.
8 Zit. n. Seward, S. 24.
9 Siehe im Internet: www.royal.gov.uk/main/message.htm

Nostalgie

Der Sturm ging vorüber. Die spiegelglatte, nach einem Orkan zur Ruhe gekommene See fand ihre Entsprechung in einer allmählich einsetzenden, ungewöhnlich milden Beurteilung der königlichen Familie durch Kommentatoren und in Meinungsumfragen zu Wort kommender Untertanen. Es schien, als habe in der Öffentlichkeit ein Abwägen begonnen, zwischen der Wut über die Behandlung Dianas durch Buckingham Palace einerseits und der Beurteilung des Lebenswerkes der Queen andererseits. Gerade die Auseinandersetzung um die Art und Weise, in der Elizabeth mehr als 45 Jahre ihr Amt ausgeübt hat, mit einer Mischung aus Standesbewusstsein, stoischer Ruhe, Engagement und Würde, aber auch mit einer dann doch immer wieder die Restriktionen des Protokolls durchbrechenden menschlichen Wärme und einem durchaus lebhaften Sinn für Humor, führte zu einem Abflauen der fast feindselig zu nennenden Gefühle, denen sich Elizabeth II. am Blumenmeer vor den Palasttoren und in unzähligen Briefen an den Hof und die Zeitungsredaktionen ausgesetzt sah. Auch Charles konnte schon einige Wochen nach der Katastrophe von Paris voller Dankbarkeit und Erleichterung spüren, dass ihm eine Welle der Solidarität für seine neue Rolle als allein erziehender Vater entgegenschlug. Und diese Rolle, das spürten die Menschen sehr deutlich, war endlich eine solche, die er mit Bravour auszufüllen verstand – was immer an Kritik am Prince of Wales geäußert wurde, an seinem Einsatz und seiner Liebe zu den beiden Söhnen wurde nie gezweifelt.

Zu verdanken hatte die königliche Familie ihren allmählichen Wiederanstieg auf dem Barometer öffentlicher Wertschätzung auch, dass es nicht zu einem Diana-Kult kam, wie man ihn jenen ersten Septembertagen 1997 vermuten musste, als die nationale Trauer geradezu ekstatische Formen annahm. Ihr Grab wurde keine Wallfahrtsstätte und die unzähligen, schnell auf den Markt geworfenen Diana-Gedenkbildbände tauchten in den großen Londoner Buchhandlungen wie *W. H. Smith* oder *Barnes & Noble* bald in jenen Regalen auf, die den Sonderangeboten, dem letzten Abschnitt im Lebenslauf eines Buches vor der „Einstampfung", vorbehalten sind. Die Bewunderung für Dianas Schönheit, ihren Stil, ihr großes soziales Engagement und das Mitgefühl für ihre Verletzlichkeit sind geblieben, doch scheint es, dass das Diana-Bild der englischen (und wohl auch der internationalen) Öffentlichkeit jetzt aus verschiedenen, differenzierenden Facetten besteht, die sie als einen Menschen mit viel Licht-, aber auch vereinzelten Schattenseiten erscheinen lassen.

Bemerkenswerterweise reagierte Elizabeth (und der sie beratende Hofstaat) nun wesentlich flexibler auf unerwartete, vor allem tragische Ereignisse. Früher war es stets die Politik von Buckingham Palace gewesen, am Ort einer Katastrophe nicht in Erscheinung zu treten; als offizielle Begründung wurde meist angegeben, dass die Queen nicht jene öffentliche Aufmerksamkeit auf sich ziehen wolle, die allein den Opfern gebühre. Spätestens die durch Dianas Tod ausgelöste Krise hatte jedoch deutlich gemacht, dass die Bevölkerung von ihr Präsenz erwartete, dass die Queen die symbolische *shoulder to cry on* für die Nation darstellen muss. Als einige Jahre zuvor ein geisteskranker Gewalttäter in einer Grundschule in Schottland ein Massaker angerichtet hatte, besuchte Elizabeth die Stätte des Grauens nicht, was sofort Kritik in den Leitartikeln und Leserbriefen auslöste. Als es im Oktober 1999 zu einem schrecklichen Eisenbahnunglück im Bahnhof Paddington mit mehr als dreißig Toten kam, war sie am nächsten Tag zur Stelle – es war, wie in den Medien mit großer Zustimmung vermerkt wurde, der erste Besuch Elizabeths überhaupt an einer Unglücksstätte. Sie wollte, so erklärte die Königin, mit ihrem Besuch ihren Schock über die Tragödie ausdrücken – es war genau die Symbolik, die ihre Landsleute von ihr erwarteten.

Mit zunehmendem Alter ist es auch für eine Königin unvermeidbar, dass der Blick zurück geht, in wehmütiger oder dankbarer Reminiszenz. Die Gedenkfeiern für Ereignisse der Vergangenheit häuften sich, die Zahl jener, die dabei gewesen waren, wurde immer kleiner. Das wohl emotionalste derartige Ereignis war die Erinnerung an das Ende des Zweiten Weltkrieges in Europa vor 50 Jahren („VE-Day"). Am 8. Mai 1995 schien sich eine bekannte Szene der englischen Geschichte zu wiederholen, mit weitgehend gleicher, wenn auch gealterter Besetzung. Wie an jenem Tag in ihrer Jugendzeit, als Zehntausende der Familie Georges VI. zujubelten, trat Elizabeth auf den Balkon von Buckingham Palace, an ihrer Seite – wie damals – ihre Mutter und ihre Schwester Margaret. Was Elizabeth zutiefst bewegte, war die Zahl der Menschen auf der Mall. Tausende waren gekommen , um den Kampf einer dahingehenden Generation von Briten gegen die Tyrannei zu würdigen und mit ihr das Königshaus, das damals so sehr die Einheit der Nation in schwerer Zeit symbolisiert hatte. Die Anteilnahme der Menschen, die mit der königlichen Familie den Vorbeiflug einer Staffel der Royal Air Force bestaunten, ging der Königin, wie eine Hofdame beobachtete, nahe: „Queen Elizabeth kamen die Tränen. Als sie den Balkon verließ, waren ihre Augen feucht. Sie war entschlossen, es niemanden sehen zu lassen. Als sie wieder hereinkam, nahm sie schnell einen großen Gin zu sich und kämpfte dagegen an."[1]

Die größte Nostalgiefeier zu Elizabeths Lebzeiten jedoch war die Zelebrierung des 100. Geburtstages ihrer Mutter, einer Sympathieträgerin sondergleichen für weite Teile der britischen Öffentlichkeit. Die Würdigung der alten Dame zog sich über gut zwölf Monate hin und begann eigentlich bereits mit der Feier ihres 99. Geburtstages am 4. August 1999. Wenige Monate später stand die Queen Mum im Mittelpunkt der Feiern zum *Armistice Day*, dem 11. November, dem Gedenken an das Ende des Ersten Weltkrieges. In den folgenden Monaten gehörte sie, entweder am Stock gehend oder in ihrem umfunktionierten Golfwägelchen fahrend, zur Dauerkost britischer Zeitungsleser und Fernsehzuschauer. Eine besondere Ehrung wurde ihr im April 2000 zuteil, als die Stadt Wolgograd (das frühere Stalingrad) sie – als erste Nichtrussin – zur Ehrenbürgerin machte.

Den Höhepunkt des Jubels um die alte Dame stellte eine Parade am 19. Juli 2000 in London dar, die von rund 20 000 Zuschauern vor Ort und mehreren Millionen von Feierabendroyalisten in der ganzen Welt vor den Fernsehgeräten verfolgt wurde. Neben Militäreinheiten aus verschiedenen Teilen des Commonwealth marschierten unter anderem an der in Pink gekleideten, die meiste Zeit fröhlich winkenden Queen Mum, auch Angehörige von mehr als 300 karitativen Organisationen vorbei, für die sie sich im Laufe ihres langen Lebens mehr oder weniger intensiv engagiert hatte. Der spirituelle Höhepunkt, ein Dankgottesdienst in der St. Paul's Cathedral, hatte eine Woche zuvor stattgefunden. Im Beisein der Queen würdigte der Erzbischof von Canterbury der Königinmutter „großzügige Geisteshaltung und ihre Sorge um andere".[2]

Elizabeth genoss den Trubel um ihre Mutter und die ihr erwiesenen Ehrungen sichtlich. Der Queen war auch bewusst, dass die Feiern der Queen Mum zu einem, wenn auch vielleicht vorübergehenden Hoch in der Popularität der Monarchie führen würden. Hier war die – neben Elizabeth selbst – einzige Person aus dem inneren Zirkel der Familie, die nie von Skandalen berührt zu sein schien – oder zumindest konnte sich keiner der Lebenden an so etwas erinnern. Denn, so schrieb die *Times:* „Viele der Menschen, die die Queen Mother nicht mochten – und von denen es einige gab – leben nicht mehr oder halten ihren 100. Geburtstag für einen unangemessenen Zeitpunkt für Kritik." Dann würdigte das Blatt die Kunst des Überlebens im Hause Windsor, die von beiden Elizabeths so meisterhaft beherrscht wurde und wird: „Das letzte Jahrhundert der britischen Monarchie ist zu weiten Teilen von der Queen Mother und ihrer Tochter, der Queen, geprägt worden. Die Historiker werden sich im neuen Jahrhundert die Frage stellen: ‚Wie konnte die Monarchie das 20. Jahrhundert überleben?' Zwei französische Häuser, die Bourbonen und die Bonapartes waren bereits verschwunden; der Erste Weltkrieg führte zur Entfernung der Kaiser von Preußen[3], Russland und Österreich. Großbritannien erlebte zwei Weltkriege, einen Kalten Krieg, eine Weltwirtschaftskrise, die Unabhängigkeit der Länder des Empire und eine soziale Revolution. Doch die Monarchie ist zu Beginn des 21. Jahrhunderts so populär wie zu Beginn des 20. und sicherlich beliebter als zu Anfang des 19. Jahrhunderts ... Es gibt eine hintergründige Vorsicht, die man bei der gegenwärtigen Queen und ihrer Mutter beobachten kann. Die Plantagenets waren heroischer, die Tudors kreativer, die Stewarts romantischer, aber das Haus Hannover-Windsor ist besser im Überleben. Sie sind, wie man in den Business Schools sagt, risikoscheu, sie wissen aus der Erfahrung, wie mächtig die Kräfte der Geschichte sind, sie wollen überleben. Zum Glück für die Nation sind sie darin sehr gut und Queen Elizabeth The Queen Mother ist darin eine der Besten."[4]

Anmerkungen

1 Zit. n. Pimlott, S. 574/575.
2 Royal Insight, August 2000.
3 Der Times-Autor meint vermutlich: des Kaisers von Deutschland und Preußischen Königs.
4 The Times, 24. Juli 2000.

Die wechselnden Adressen der Queen

Buckingham Palace

Buckingham Palace ist zwar im Bewusstsein der Öffentlichkeit die „Heimatadresse" der englischen Königin, doch Elizabeth verbringt hier nur einen Teil des Jahreslaufs. Gleichwohl ist es das Hauptquartier, der Verwaltungssitz der „Firma", mit allen Abteilungen, die für das Funktionieren der Monarchie verantwortlich sind. Die königliche Geschichte dieses Symbols – wenn von „Buckingham Palace" gesprochen wird, meint man den gesamten Hofstaat und seine Politik, aus Dianas Mund hatte der Begriff stets einen negativen Beiklang – geht auf George III. zurück, jenen König, dem an rekordverdächtig langer Regierungszeit (60 Jahre) es gleichzutun Elizabeth gute Chancen hat. Er kaufte das damals noch *Buckingham House* heißende Gebäude für seine Frau, Queen Charlotte, die hier 14 der insgesamt 15 gemeinsamen Kinder zur Welt brachte. In den 1820er-Jahren wurde das Haus auf Initiative von George IV. zu einem königlichen Palast umgebaut. Die Kosten überstiegen die Voranschläge um ein Mehrfaches, der Ausbau zog sich über Jahre hin. Beinahe wäre der noch unfertige Palast zum Sitz des Parlaments geworden, denn als 1834 ein Feuer die *Houses of Parliament* verwüstete, bot William IV. ihn den Volksvertretern als vorübergehende Bleibe an. Das lehnten diese in Anbetracht der nicht unproblematischen Geschichte royal-parlamentarischer Beziehungen sicherheitshalber ab.

Queen Victoria war das erste gekrönte Haupt, das Buckingham Palace zur königlichen Residenz machte; knapp drei Wochen nach ihrer Thronbesteigung im Alter von achtzehn Jahren zog sie ein. Wegen ihres bald nach der Hochzeit mit Albert eintretenden Kindersegens musste ein neuer Flügel mit für Kinder passenden Räumlichkeiten angebaut werden; der bis dahin noch auf dem Palastgelände stehende *Marble Arch* wurde in den Hyde Park verbannt, wo er noch heute steht.

Neben den Bürogebäuden stellt Buckingham Palace eine Reihe meist prunkvoller Säle zur Verfügung, in denen die Queen wichtige Funktionen ausübt. Der berühmteste dürfte der *Throne Room* sein, in dem besondere Empfänge, zum Beispiel aus Anlass von Jubiläen, stattfinden. Hier werden auch die offiziellen Hochzeitsfotos aufgenommen, wie jene von Charles und Diana sowie von Andrew und Sarah, die ihren Weg in die Illustrierten dieser Welt finden. Der größte Raum im Palast ist der *Ballroom*, in dem u. a. Staatsempfänge und -bankette stattfinden. Auch für den jährlichen Empfang der Angehörigen des Diplomatischen Korps mit immerhin rund 1500 Teilnehmer stellt er einen angemessenen Rahmen dar. Etwas intimer ist der *Music Room*, der zwar auch für Konzerte genutzt wird, aber auch den Rahmen für offizielle Fotos der Queen mit Staatsgästen und anderen Persönlichkeiten abgibt. Eine Reihe von Räumlichkeiten ist seit einigen Jahren der Öffentlichkeit zugänglich, auch dies Ausdruck des Bemühens der Monarchie, im wahrsten Sinne des Wortes „offener" für die Bürger zu werden. Die *Queen's Gallery* wird nach umfangreichen Renovierungen für gut 10 Millionen Pfund aus Anlass von Elizabeths Goldenem Thronjubiläum im Jahr 2002 wiedereröffnet.

Windsor Castle

Windsor Castle ist Elizabeth als Stätte ihrer späteren Kindheit, vor allem in den Jahren des Zweiten Weltkrieges, besonders ans Herz gewachsen. Die imposante, mehr als 900 Jahre alte Festung wird von ihr heute noch als Residenz genutzt. Die Idee, an dieser Stelle ein Schloss zu errichten, stammt von Wilhelm dem Eroberer, der mit scharfem Blick erkannte, dass von hier der Zugang zu der einen Tagesmarsch entfernt liegenden Hauptstadt London aus westlicher Richtung mit einer Trutzburg bestens geschützt werden konnte.

Das Schloss mit seinem Markenzeichen, dem weithin sichtbaren Rundturm, beherbergt darüber hinaus einen großen Teil der unermesslich wertvollen Kunstsammlung der Queen, die natürlich nicht ihr persönlich gehört, sondern der Krone und damit letztlich dem Staat. Diese Sammlung ist in den letzten dreieinhalb Jahrhunderten, seit der Restauration 1660 nach dem Bürgerkrieg, entstanden und dank der Sammelfreude der meisten Monarchen kräftig angewachsen. Einige Stücke sind sogar noch älter und gehen bis auf Heinrich VIII. zurück, dessen Rolle als Kunstsammler weit weniger bekannt ist als sein militanter Antifeminismus. Charles I. könnte eigentlich als Gründer der Königlichen Sammlung gelten, doch seine Schätze wurden von dem im Bürgerkrieg siegreichen Oliver Cromwell zu Bargeld gemacht und in alle Winde zerstreut.

Die Könige und Königinnen, die am meisten zur gegenwärtigen Sammlung beigetragen haben, sind George III., George IV., Queen Victoria mit ihrem Gemahl Albert sowie Elizabeths Großmutter, Queen Mary, gewesen. Windsor Castle ist nicht der alleinige Standort der königlichen Schätze, viele andere Gemälde, Möbelstücke, Juwelen, antiquarische Bücher, Gewänder und Ritterrüstungen sind unter anderem auf die Paläste von Kensington und Hampton Court, den Tower of London und Osborne House, die Residenz Queen Victorias auf der Isle of Wight, verteilt. Die wertvollsten Stücke der Royal Collection werden in einer großen Ausstellung anlässlich Elizabeths Goldenem Thronjubiläum im Jahr 2002 gezeigt, ein Ereignis, das einhergeht mit der Umgestaltung der Queen's Gallery im Buckingham Palace. Ein weiteres Indiz für die „neue Offenheit" im Hause Windsor ist die Planung einer weiteren Gallerie, in der die Untertanen sich an den königlichen Schätzen ergötzen können, in enger Nachbarschaft zum Palace of Holyroodhouse in Edinburgh.

Die *State Apartments*, sozusagen die Arbeitsräume der Queen und jene Säle, in die Elizabeth zu Empfängen oder Banketten lädt, sind geschmückt mit Werken von – unter anderem – Holbein, Rubens und Van Dyck. Glücklicherweise konnten diese Meisterwerke beim Brand des Schlosses 1992 vor den Flammen in Sicherheit gebracht werden. Die bei der

Katastrophe zerstörten Teile der State Apartments sind inzwischen originalgetreu restauriert worden. Einige der Räume in den State Apartments sind klein und intim, andere grandios wie die *Waterloo Chamber*, die an den Sieg des Herzogs von Wellington 1815 erinnert – und in der Elizabeth einst Charles de Gaulle empfing, als die Planungsabteilung des königlichen Protokolls nicht gerade ihren feinfühligsten Tag hatte. Zur neuen PR-Politik des Königshauses nach all den Imageschäden der jüngsten Vergangenheit gehört auch, dass sogar die State Apartments für Besucher zugänglich sind – es sei denn, die Queen gibt gerade einem Staatsgast zu Ehren ein Dinner mit gutem englischem Roastbeef.

Zu Windsor Castle gehören zwei Bauten von herausragender Bedeutung für die königliche Familie. Die im 14. Jahrhundert erbaute *St. George's Chapel*, die als eines der schönsten Beispiele gotischer Architektur in Großbritannien gilt, ist Ruhestätte von zehn englischen Monarchen und sie dürfte dies eines Tages auch für Elizabeth werden. In der Kapelle haben außerdem eine Reihe von „kleineren" Hochzeiten der Königsfamilie stattgefunden, zuletzt die Eheschließung von Prince Edward und Sophie Rhys-Jones im Juni 1999.

Etwas abseits von der eigentlichen Schlossanlage liegt, inmitten eines Parks und am Ufer eines kleinen Sees, *Frogmore House*. In dem von George III. für seine Frau, Queen Charlotte, errichteten Landhaus zog die Mutter Queen Victorias ein, nachdem ihr klar geworden war, dass sich ihre junge Tochter – sie kam mit achtzehn Jahren auf den Thron – von ihr nicht weiter bevormunden lassen würde. Mountbatten wurde hier geboren, und im Jahr 1923 verbrachten Elizabeths Eltern hier einen Teil ihrer Flitterwochen. Das zu Frogmore gehörende Mausoleum wurde als letzte Ruhestätte von Prince Albert angelegt und war eine Art Wallfahrtsort für Queen Victoria, die den frühen Tod ihres geliebten Mannes nie überwunden hat. Sie wurde nach ihrem Ableben im Januar 1901 an der Seite Alberts beigesetzt.

Sandringham House

Im Winter zieht Elizabeth mit ihrer Familie um, damit in gewisser Weise in der Tradition mittelalterlicher Monarchen stehend, die samt Hofstaat von Residenz zu Residenz zogen. Ihre offizielle Weihnachtsresidenz ist Sandringham House in der Grafschaft Norfolk – der „Weihnachtsaufenthalt" zieht sich meist bis tief in den Februar hin. Auch auf diesem Anwesen, dessen Grundfläche fast 8000 Hektar beträgt, wird Elizabeth an das Wirken ihrer Ur-Ur-Großmutter Victoria erinnert. Diese ließ es 1862 für ihren ältesten Sohn, den Prince of Wales und nachmaligen König Edward VII., kaufen. Er verbrachte in Sandringham Jahre frustrierenden Wartens auf eine Thronfolge, zu der es erst kam, als er bereits alt und verbraucht war. Weite Teile des Anwesens dienen als Farm, entsprechend hoch ist der Personalstand mit rund 140 Mitarbeitern. Elizabeth liebt es, auf dem ausgedehnten Gelände lange Spaziergänge zu machen und dies durchaus auch gern ohne Begleitung, gibt ihr die ländliche Idylle doch die Ruhe zum Nachdenken – über monarchische Pflichten ebenso wie über familiäres Ungemach.

Balmoral Castle

Auch während ihres Sommerurlaubs wandelt Elizabeth auf den Spuren Queen Victorias. Schon für die kleine Prinzessin und ihre Schwester Margaret war, wie Crawfie es nannte, das schottische Schloss Balmoral eine feste Wegmarke in ihrem Kalender. Sie hatte schon als Kind die Geschichte dieses Hauses gelernt: Victoria und Albert hatten bereits bei ihrem ersten Besuch am Flussufer des Dee Gefallen an der pittoresken Landschaft gefunden; dies galt vor allem für Albert, den die Gegend an seine thüringische Heimat erinnerte. Elizabeth verbrachte alljährlich die Sommerferien in dem 1859 fertig gestellten Schloss, eine Gewohnheit, die sie ein Leben lang beibehielt. Gewöhnlich lässt sich die königliche Familie den größten Teil des Monats August (am 12. beginnt alljährlich die

Jagdsaison auf Wasservögel, was wiederum bei Philip und in den letzten Jahren auch bei Prince William ein „jour fix" im Kalender ist), den September über und meist auch noch die ersten Oktobertage hier nieder – was Kritiker der Monarchie veranlasst, diese Zeitspanne zu den folgenden ausgedehnten Weihnachtsferien zu addieren und den „Royals" eine ausgeprägte Neigung zum extensiven Urlaub vorzuwerfen.

Diese Kritik lässt natürlich außer Acht, dass die Queen auch in diesen beiden Domizilen ihren Pflichten nachgeht und unter anderem auch hier die Premierminister empfängt (Margaret Thatcher empfand die Reise ins Hochland allerdings als Zeitverschwendung). Und selbstverständlich unterbricht Elizabeth ihre Aufenthalte auf Sandringham und Balmoral, wann immer es gilt, öffentliche Termine wahrzunehmen oder Staatsgäste zu empfangen. Eine weitere schottische Residenz der Queen ist der Palace of Holyroodhouse, der im Stadtzentrum von Edinburgh, am Ende der so genannten Royal Mile liegt.

Die Thatchersche Abneigung gegen Balmoral teilt Tony Blair offenbar nicht. Als im Herbst 1999 bekannt wurde, dass der Premier und seine Frau Cherie noch einmal Nachwuchs erwarteten, errechneten mathematisch begabte Köpfe sofort, dass es während eines Besuches bei Elizabeth auf Balmoral „passiert" sein muss. Der Premier widersprach keineswegs, sondern wies noch in einem Anflug von Patriotismus darauf hin, dass der Familienzuwachs keineswegs während eines in der fraglichen Zeit gleichfalls stattgefundenen Urlaubs in Frankreich und der Toskana gezeugt worden sei. Es werde vielmehr, so erklärte der stolze, abermalige Vater gegenüber der BBC, ein echtes britisches Baby.

Reisediplomatie

Afrika und Australien

Selbst die nahende Vollendung des siebten Lebensjahrzehntes konnte Elizabeths Reisetätigkeit nichts anhaben. Der Wandel in der weltpolitischen Großwetterlage erlaubte es ihr, auch die letzten weißen Flecken auf ihrer persönlichen Landkarte zu entfernen. Nachdem sie 1986 China besucht hatte, flog sie 1992 nach Russland – es war der erste Staatsbesuch eines britischen Monarchen in diesem Land. Drei Jahre später konnte sie endlich in jenes Land zurückkehren, das ihr seit ihrem ersten Auslandsaufenthalt 1947 nie aus dem Sinn gekommen war: Südafrika. Das Apartheidsregime hatte abgedankt und Elizabeth wurde von einem frei gewählten Präsidenten Nelson Mandela begrüßt. Die Queen war sichtlich bewegt, dass offenbar noch mehr Menschen als vor fast 60 Jahren den Straßenrand säumten, um sie zu sehen und von denen einige Schilder trugen mit der Aufschrift *Thank you for coming back* – man hatte Elizabeths ablehnende Haltung gegenüber dem Apartheidsregime offensichtlich nicht vergessen.

Die gegenseitige Wertschätzung zwischen Mandela, dem *elder statesman* des Kontinents und der fast ein halbes Jahrhundert auf dem Thron sitzenden Königin wurde auch beim nächsten Besuch in Südafrika deutlich. Im Oktober 1999 kam sie zu einer Tagung der Staatsoberhäupter des Commonwealth in dieses für sie unvergessliche Land zurück und genoss das Wiedersehen mit dem inzwischen aus dem Amt geschiedenen Mandela. Als die Queen der Gewinnerin eines Wettbewerbs junger Essayisten als Preis einen Studienaufenthalt in Großbritannien überreichte, meinte Mandela zu der 14-jährigen Nachwuchsliteratin: „Ich beneide Dich." Proteste gegen die

Queen gab es bei dem ansonsten harmonischen Besuch auch – durch weiße Nationalisten, die von Elizabeth eine Entschuldigung für den Burenkrieg vor exakt 99 Jahren forderten.

Diese Afrikatour fand mit einem Besuch in Mosambik ihren Abschluss. Mit zehn Stunden Aufenthalt in dieser ehemals portugiesischen Kolonie war es der kürzeste Staatsbesuch der Queen. Merkwürdig mag ihr erschienen sein, dass alle geladenen Gäste in dem kurz vor einer Wahl stehenden Land mit T-Shirts der regierenden Frelimo-Partei auftraten – völlig freiwillig, versicherten die Gastgeber. Elizabeth hinderte dies nicht daran, bei dem Kurzaufenthalt auch das Gespräch mit dem Führer der Opposition zu suchen.

Auch das andere Ende der Welt besuchte Elizabeth wiederholt. Im März 2000 traf sie zusammen mit Philip in Australien ein. Auf diesen Besuch freute sie sich ganz besonders, hatten doch die Australier nach einem durchaus heftigen „Wahlkampf" einige Monate zuvor mehrheitlich dafür gestimmt, die Queen als Staatsoberhaupt beizubehalten. Es war ihr zwölfter Besuch in diesem Land, das 1901 unabhängig geworden war. Elizabeth war daher für die fernen Commonwealth-Bewohner kein Novum mehr und trotzdem kamen bei strömendem Regen mehrere tausend Menschen zu ihrer Begrüßung zum weltberühmten Opernhaus von Sydney. Elizabeth bedankte sich dafür und für das im Referendum ausgedrückte Vertrauen: „Ich habe stets klargestellt, dass die Zukunft der Monarchie eine Frage ist, die Sie, die Menschen Australiens, und nur Sie allein entscheiden können, mit demokratischen und konstitutionellen Mitteln. Anders darf es nicht sein. Mit Blick auf das Resultat vom letzten November werde ich getreu als Königin von Australien und unter seiner Verfassung meine Pflicht tun – nach meinen besten Kräften, so wie ich es in diesen vergangenen 48 Jahren versucht habe."[1]

Die ausgedehnten Auslandsreisen der Queen korrespondierten stets mit einer nicht minder umfassenden Tätigkeit auf den britischen Inseln. Nachdem sie in ihrer Jugendzeit den Zerfall des Britischen Empires hatte miterleben müssen, setzte sie sich während ihrer Regierungszeit immer wieder mit Nachdruck dafür ein, wenigstens die Union vor separatistischen Tendenzen zu bewahren. Neben dem chronischen Krisenherd Nordirland war ihr Augenmerk stets auf Schottland gerichtet, das ihr dank der Schönheit Balmorals und Holyroods zur zweiten Heimat geworden war. Die Konstituierung eines eigenen schottischen Parlamentes war ein Schritt, um das Streben nach Autonomie zu befriedigen und damit vielleicht der Sehnsucht nach einer vollständigen Trennung einen Riegel vorzuschieben. In einem Festakt am 1. Juli 1999 eröffnete Elizabeth II. das neue Parlament: „Heute ist ein historischer Tag für Schottland. Es ist unsere stolze Pflicht in dieser Kammer, die Augen des Landes auf uns gerichtet, den Zeitpunkt zu markieren, an dem das neue Parlament seine vollen Pflichten im Dienste für das schottische Volk übernimmt. Es ist ein seltener Moment im Leben einer Nation, wenn wir über die Schwelle eines neuen konstitutionellen Zeitalters schreiten … Der Herzog von Edinburgh und Prince Charles wünschen zusammen mit mir diesem Parlament jeden erdenklichen Erfolg. Meine Gebete sind mit Ihnen, da Sie nun zu dieser neuen und historischen Reise aufbrechen. Ich vertraue dem guten Urteilsvermögen der Menschen in Schottland, ich bin Ihres Einsatzes für sie gewiss und ich bin zuversichtlich für die Zukunft Schottlands."[2]

Von Separation war an diesem schönen Sommertag in der Tat nichts zu spüren. Bei der Fahrt im offenen Landauer wurden die Queen, ihr Mann und Prince Charles von den Edinburghern bejubelt. Fast ebenso viel Beifall erhielt der Vorbeiflug der Kunstflugstaffel *Red Arrows* sowie eine im Tiefflug über Edinburgh hinwegdonnernde Concorde, das Schaustück britischen Ingenieurstolzes – es war, ein Jahr vor der Katastrophe von Paris, das letzte Mal, dass man dieses in die Jahre gekommene Stück Hochtechnologie auf diese Weise vor der Bevölkerung demonstrierte.

Dem Festakt schloss sich eine einwöchige Reise durch Schottland an. Die PR-Abteilung des Königshauses hatte sich dazu, im Bestreben Volkstümlichkeit zu demonstrieren, etwas besonders Originelles einfallen lassen (zumindest glaubte sie das). In einem Sozialbaugebiet in Glasgow besuchte die Queen auf diese wahrhaft geniale Anregung der Strategen hin einen „typischen" Arbeiterhaushalt. Auserkoren wurde die verwitwete Susan McCarron mit ihrem zehnjährigen Sohn James. Am Wohnzimmertisch unterhielt man sich beim Tee den Verlautbarungen nach über Themen von beiderseitigem Interesse – die Fotos, die von diesem Treffen um die Welt gingen, zeigen jedoch drei Menschen in verkrampfter Pose, die sich sichtlich unwohl in ihrer Haut fühlen.

Elizabeth war schon eher in ihrem Element, als sie in den darauf folgenden Tagen verschiedene karitative Einrichtungen besuchte und schließlich das *Dynamic Earth Centre* in Edinburgh eröffnete, ein 34 Millionen Pfund teures Projekt, das die Geschichte unseres Planeten verdeutlicht und zu dessen beeindruckendsten Stationen ein künstlicher Regenwald gehört. Das Zentrum befindet sich gegenüber dem damals noch in Bau befindlichen schottischen Parlamentsgebäude.

Besuch aus China

Nicht immer ist die Begrüßung von Staatsgästen durch die Queen frei von Belastungen des politischen Alltags; gleichwohl bemüht sie sich stets, außenpolitische Probleme von ihren Gesprächen mit Staatsgästen fern zu halten. Bei seinem Londonbesuch im Herbst 1999 sah sich Chinas Präsident Jiang Zemin zu seinem Missfallen lauten Protestkundgebungen ausgesetzt, als einige hundert Demonstranten auf die Menschenrechtssituation im Reich der Mitte hinwiesen. Während diese Thematik Gegenstand der Gespräche mit Premierminister Blair war, beließ es Elizabeth beim Austausch von Höflichkeiten. Abermals zeigte die Queen Ansätze ihres ausgeprägten

Sinnes für hintergründigen Humor, als sie in der Tischrede Chinas Einfluss auf den britischen Alltag hervorhob: „Vor vielen Jahren haben wir Ihr Porzellan kopiert und es ,china' genannt. Wir haben Ihre Leidenschaft für Tee übernommen. Und in jüngster Zeit ist das chinesische Restaurant um die Ecke ein fester Bestandteil des Familienlebens in unserem Land geworden."[3] Wie oft sie selbst so ganz spontan mit Philip zu einem Buckingham Palace nahe gelegenen „Chinesen" geht, ließ Elizabeth bei diesem Anlass offen. Prince Charles übrigens boykottierte das Staatsdinner für Jiang Zemin wegen der diversen, in China immer noch alltäglichen Menschenrechtsvergehen.

Zu den Pflichten, die Elizabeth stets mit Freude wahrnimmt, gehören jene, die dazu beitragen, die Attraktivität ihrer Heimatstadt weiter zu erhöhen. Im Frühjahr 2000 eröffnete sie in der vibrierenden Metropole, die wie kaum eine andere auf der Welt Tradition und Moderne in einer für die Besucher so reizvollen Weise vereint, binnen drei Wochen gleich drei Weltklasse-Museen: einen neuen Flügel der *National Portrait Gallery*, die *Dulwich Picture Gallery* und vor allem die *Tate Modern*, ein für 135 Millionen Pfund (!) in ein altes Kraftwerk hineingebautes Eldorado der modernen Kunst. Es ist, dessen war sich Elizabeth bewusst, ein Aushängeschild ihrer Stadt, das noch zu den wichtigsten Kulturstätten Europas gehören wird, wenn ihre eigene, lange Regierungszeit nur noch Geschichte ist.

Anmerkungen

1 Royal Insight, April 2000.
2 Ebd., August 1999.
3 The Times, 20. Oktober 1999.

Berlinbesuch 2000

„Die Deutsche Queen". So titelte eine große Berliner Tageszeitung im Juli 2000, als Elizabeth II. mit Philip an ihrer Seite in der alten, neuen Hauptstadt gelandet war. Die scheinbare Vereinnahmung bezog sich zwar primär auf Elizabeths mit stark deutschen Elementen durchsetzten Stammbaum, machte aber auch mit Blick auf das Verhältnis der Queen zu Deutschland und den Deutschen durchaus Sinn. Elizabeth hat niemals Ressentiments (wie sie in manchen Teilen der britischen Öffentlichkeit und vor allem der Medien auch heute durchaus noch en vogue sind) gegenüber dem Land, mit dem nicht nur sie, sondern vor allem auch Philip auf vielfältige Weise genealogisch verbunden ist, geäußert. Vielmehr hat sie seit ihrem ersten, damals in Großbritannien noch nicht einhellig begrüßten Staatsbesuch 1965 stets ein wohlwollendes Interesse an Deutschland gezeigt und gelegentlich aus ihren Sympathien keinen Hehl gemacht. Als sie nach dem Endspiel der Fußball-Europameisterschaft 1996 im ehrwürdigen, inzwischen der Abrissbirne zum Opfer gefallenen Wembley-Stadion der siegreichen deutschen Mannschaft den Pokal überreichte, strahlte sie mehr als der etwas mimikschwache damalige Bundestrainer Hans Hubert Vogts.

Ausdruck ihrer positiven Einstellung und ihres Vertrauens darauf, dass Deutschland ein stabiler, ruhender Pol der Demokratie in einem modernen Europa ist, wurde der Besuch am 18. Juli 2000. Er war selbst für eine weit gereiste Monarchin wie Elizabeth ein Novum: Zum ersten Mal eröffnete die Queen eine britische Botschaft im Ausland. Und diese Welturaufführung galt nicht nur für ihre Person: Noch nie zuvor war ein regierender Monarch Englands zu einer Botschaftseinweihung ins Ausland gereist.

Der kleine Festakt bei strahlendem Sommerwetter stellte den fünften Deutschlandbesuch Elizabeths seit ihrer Thronbesteigung dar. Die neue Botschaft lag ihr offenbar am Herzen: Bei ihrem letzten, dem vierten Deutschlandbesuch, hatte sie 1992 den Grundstein gelegt. Es war nicht nur ein historischer Anlass, es war auch ein historischer Ort. An der Wilhelmstraße 70 hatte seit der Reichsgründung 1871 die Botschaft Großbritanniens gestanden, von hier aus war am 1. September 1939 der Botschafter des Vereinigten Königsreiches, Sir Neville Henderson, zu seiner schicksalschweren Fahrt in die Reichskanzlei aufgebrochen, um – Stunden nach Hitlers Überfall auf Polen – das Ultimatum zu überbringen, das schließlich zur britischen Kriegserklärung an Nazi-Deutschland führte. Es war der vermutlich finsterste Tag deutsch-britischer Beziehungen und es war doch, dies wurde auch jetzt beim Besuch der Queen nicht vergessen, eine bittere Notwendigkeit. Wann und wie, so fragte Außenminister Joschka Fischer beim Empfang der Königin, hätten die Deutschen denn ihre Freiheit wiedererlangen sollen, wenn nicht Großbritannien Hitler Widerstand geleistet und seine Werte, die der Freiheit und der Demokratie, verteidigt hätte?

Das ehemalige britische Botschaftsgebäude wurde ein Opfer des Bombenkrieges. An seiner Stelle ist nach Plänen des britischen Architekten Michael Wilford ein moderner Funktionalbau entstanden, über den sich Architekturästheten heftig stritten. Wieder einmal, wie so oft in ihrem Leben, war die Queen in höchstem Grade diplomatisch. „Beeindruckend" nannte sie den merkwürdigen Bau beim ersten Anblick und verweigerte weiteren Kommentar. Nur einmal, beim Rundgang durch das künftige Arbeitsfeld der nominell königlichen Diplomaten, schlüpfte ihr eine Bemerkung heraus, die man auf die eine oder die andere Art interpretieren konnte: *It's nice to have a lot of space, isn't it?*[1] Philip, der ähnlich wie sein Sohn Charles schon verschiedentlich als Kritiker zeitgenössischer Architektur reüssiert hatte, gab sicherheitshalber gar kein Urteil ab und fragte stattdessen als stets dem Praktischen zugewandter Mensch den neben ihm stehenden Wilford für alle Mikrofone hörbar, ob er denn schon sein Geld erhalten habe. Der Architekt bejahte die Frage aus herzoglichem Mund und erklärte, andernfalls wäre er gar nicht erst gekommen.

Die Offenheit des Gebäudes solle, so sagte Elizabeth in ihrer kurzen Ansprache, auch dazu beitragen, dass dies ein Ort werde, an dem Deutsche und Briten miteinander ins Gespräch kommen können: „Dieses Botschaftsgebäude ist so entworfen, dass es die Herausforderungen einer neuen Diplomatie reflektiert. Natürlich ist es der Ort, an dem das Botschaftspersonal seinen Geschäften nachgeht. Aber es ist mehr als das: Es soll ein Schaufenster Großbritanniens und ein Ort des Austauschs mit Deutschland sein, ein Instrument, um ein breiteres deutsches Publikum zu erreichen, einen Platz, den, so hoffen wir, viele Berliner und viele Menschen außerhalb von Berlin besuchen werden. Das Design des Gebäudes verleiht dieser Absicht Ausdruck: offen, transparent, innovativ."[2]

Auch auf die Vergangenheit, die sie miterlebt hatte, ging Elizabeth in dieser (vom deutschen Fernsehen live übertragenen) Rede ein: „Wenn ich auf meine früheren vier Besuche seit 1965 in Deutschland zurückblicke, erfüllt es einen mit Dankbarkeit zu sehen, wie viel erreicht wurde. Berlin und Deutschland sind jetzt vereint. Aber selbstverständlich ist die Geschichte nicht zu Ende. Wir haben weitere europäische Aufgaben vor uns. Es geht darum, die Europäische Union so zu erweitern, dass jene Länder hinzukommen können, die mehr als fünfzig Jahre vom europäischen Mainstream ausgeschlossen waren, und dass Europa als Ganzes, wie Deutschland, ungeteilt sein kann. Berlin ist nicht länger ein Außenposten, sondern das geografische Zentrum Europas. Wo sich früher Ost und West in Konfrontation gegenüberstanden, können sie nun zusammenkommen."[3] Es war ein Bekenntnis zu Europa, wie es vielen britischen Politikern kaum über die Lippen käme. Mit fast 75 Jahren wirkte die Queen geradezu fortschrittlich und zukunftsorientiert.

Auch Außenminister Joschka Fischer warf einen Blick in Dankbarkeit zurück. Das England Elizabeths war für die Jugend, so erzählte er der Königin, ein Leuchtfeuer der Moderne in einer in Deutschland noch leicht muffigen Zeit: „Für meine Generation war Sergeant Pepper mehr als nur Musik, es war ein neuer Lebensstil, eine Botschaft von Freiheit und Aufbruch."[4]

Als die Zeremonie vorüber war, wurde Elizabeth von mehr als tausend Schaulustigen bejubelt. Sie ging durch das Brandenburger Tor und besuchte schließlich den Reichstag – auch dessen Umgestaltung war bekanntlich von einem britischen Architekten vorgenommen worden. Später nahm sie an den Hackeschen Märkten das sprichwörtliche Bad in der Menge. „Sie verließ Berlin nach 24 Stunden, am späten Nachmittag. Was sie dem Prince of Wales über die Botschaft erzählen wird, kann nur vermutet werden."[5]

Anmerkungen

1 The Times, 19. Juli 2000.
2 Royal Insight, August 2000.
3 Ebd.
4 Die Welt, 19. Juli 2000.
5 The Times, 19. Juli 2000.

Goldene Jahre

In der englischen Sprache steht der Terminus *to keep a low profile* für das Bemühen, wenn schon nicht unsichtbar zu sein, so doch zumindest sich nicht in übertriebenem Maße zu produzieren. Bei einem Königshaus würde die Devise lauten, sich in Standesbewusstsein und Prachtentfaltung ein wenig zurückzunehmen, um nicht anzuecken. Dass man im Hause Windsor nach der Krise im Zusammenhang mit Dianas Tod etwas zurückhaltender aufzutreten gedachte, war unter anderem bei der Hochzeit von Elizabeths jüngstem Sohn Edward sichtbar. Den Rahmen der Feierlichkeiten konnte man als großbürgerlich bezeichnen. Nach so genannten Märchenhochzeiten, die weltweit live übertragen wurden, stand Elizabeth längst nicht mehr der Sinn.

Edward und Sophie Rhys-Jones

Immerhin – so ganz unter sich war man an diesem 19. Juni 1999 denn doch nicht. Fast achttausend monarchietreue Zuschauer hatten sich in Windsor Castle eingefunden, wo Edward seine langjährige Freundin Sophie Rhys-Jones in der St. George's Chapel zum Altar führte. Die Braut hatte, was von nicht wenigen Schaulustigen mit wohligem Nervenkitzel vermerkt wurde, von der Physiognomie her durchaus eine gewisse Ähnlichkeit mit Diana. Anders als die unglückliche Princess of Wales ist Sophie jedoch eine selbstbewusste Geschäftsfrau mit langjähriger und erfolgreicher Berufserfahrung. Sie dürfte daher den Anforderungen, die durch ihre Einheirat in das Haus Windsor auf sie zukommen werden, besser gewachsen sein.

Auch die Ankunft der Braut verlief um einiges bescheidener als bei den vorhergegangenen Hochzeiten, denn statt in der Staatskutsche fuhr Sophie in einem mit einer großen weißen Schleife verzierten Auto vor – natürlich *british built*: in einem Rolls-Royce. Die Gästeliste war diesmal nicht exklusiv aristokratisch (nur 22 Vertreter ausländischer Dynastien waren anwesend), sondern wies eine große Zahl von Freunden und Bekannten aus der Londoner Unterhaltungsindustrie und der PR-Branche auf, in denen Edward und Sophie ihrer Arbeit nachgehen. Das Outfit des Paares war von klassischer Eleganz, teuerstes Accessoire war die diamantenbesetzte Tiara auf Sophies sportlicher Kurzhaarfrisur, eine Pretiose, die Elizabeth ihrer neuen Schwiegertochter für diesen Tag als Leihgabe aus der *Royal Collection* zur Verfügung gestellt hatte. Das Wertvollste an Edwards Kleidung war eine Goldene Taschenuhr von 18 Karat, die ihm seine Frau geschenkt hatte – ein deutliches Zeichen, dass man es auch zu etwas bringen kann, wenn man selbst sein Geld verdient.

Allzu bürgerlich sollte das Paar nach Elizabeths Willen aber doch nicht werden. Edward wurde mit dem Tag der Eheschließung von seiner Mutter zum Earl of Wessex ernannt, Sophie erhielt den offiziellen Titel Her Royal Highness the Countess of Wessex – was sie aber in der Folgezeit nicht hinderte, ihrem Beruf weiterhin nachzugehen.

Wie nicht anders zu erwarten, konnten Elizabeth und ihre Familie es auch mit dieser wahrhaft familiären Feier nicht allen Recht machen. Gegner des Hofes bezeichneten die Hochzeit als bislang misslungensten PR-Gag von Buckingham Palace, solle doch damit nur die Homosexualität Edwards kaschiert werden. Es wäre ein feine Ironie, wenn ausgerechnet die Ehe dieses jungen Paares Bestand hätte und derartige Anfeindungen ad absurdum führte.

Geradezu volkstümlich war auch Elizabeths Begrüßung des neuen Jahrtausends. Es gab diesmal keine Silvesterfeier im Buckingham Palace mit elitärer Gästeliste, sondern vielmehr ein wahres Bad in der Menge. Elizabeth feierte mit ihren Untertanen – etwa zehntausend von ihnen. So viele nämlich passten in den bei dieser Gelegenheit von ihr offiziell eröffneten *Millenium Dome* am Ufer der Themse in North Greenwich.

Der öffentliche Teil des 31. Dezember 1999 hatte für Elizabeth und ihre Familie einige Stunden zuvor begonnen. Es war ein idealer Tag, um ein neues Konzept der britischen Monarchie zu präsentieren, als einer Institution, die für die Bürger ansprechbar ist und sich gerade um diejenigen kümmert, deren Stimme nur schwach zu hören ist – ein Selbstverständnis, das vor allem Princess Anne mit ihrem Engagement für „Save the Children" seit Jahren deutlich machte. Dass der Wandel, den die Queen in ihrer Fernsehansprache anlässlich Dianas Tod zart angedeutet hatte („Lehren müssen gezogen werden aus ihrem Leben und aus der außergewöhnlichen und bewegenden Reaktion auf ihren Tod"), durchaus stattfand, zeigte sich auch daran, dass praktisch niemand der Queen persönliches Interesse bezweifelte, als sie am späten Nachmittag zusammen mit Philip ein Heim für Obdachlose im Stadtteil Southwark besuchte. Das Paar nahm im Gemeinschaftsraum Platz und sprach ganz offenbar ohne Zeitdruck mit etwa zwanzig Obdachlosen und dem Personal der Einrichtung. Es war, darüber waren sich die Kommentatoren einig, nicht nur eine würdige, sondern auch eine glaubwürdige Geste an diesem weltweit so überschwänglich gefeierten Tag.

Mit dem Besuch bei Angehörigen sozial unterprivilegierter Briten stand Elizabeth in ihrer Familie nicht allein. Princess Anne und ihr Mann nahmen an einer Silvesterparty für Obdachlose teil, Charles war am Vorabend des Jahrhundertwechsels nach Schottland gefahren, hatte dort Altenheime besucht und sich dabei vor allem mit jenen Bewohnern unterhalten, die das zu Ende gehende Jahrhundert in voller Länge

miterlebt hatten. Es mag ihm aufgefallen sein, dass es sich bei
den Hundertjährigen, auf die er traf, ausnahmslos um Frauen
handelte. Weitere Stationen des Thronfolgers waren ein Kin-
derheim, ein Hospiz und die Unfallstation eines Kranken-
hauses, bevor er sich zu einem Gottesdienst in der St. Giles
Cathedral in Edinburgh begab. Prince Andrew hatte an einer
Veranstaltung zur Prävention von Gewalt gegen Kinder teil-
genommen, bevor er am berühmten Observatorium von
Greenwich erlebte, wie das neue Jahrhundert die Linie des
Meridians überquerte, der für die Vermessung der Erdober-
fläche wie auch für die Einteilung der verschiedenen Zeit-
zonen auf diesem Planeten von so entscheidender Bedeutung
ist. Edward und Sophie wiederum verbrachten den Abend in
der Provinz. In der Kathedrale von Guildford in der Grafschaft
Surrey nahm das frischvermählte Paar an einem Millenniums-
Gottesdienst teil, bevor Edward ein weithin sichtbares Leucht-
signal einschaltete und damit die Illumination des nächtlichen
Himmels über diesem Teil des Vereinigten Königreiches einleitete.

Auch Elizabeth zündete am frühen Abend des 31. Dezem-
bers ein Licht an, eine Millennium-Kerze in der Kathedrale
von Southwark, die für die weniger an Feuerwerk und Konfetti
interessierten Gläubigen eine Nacht des Gebetes einleitete.
Elizabeth und Philip hatten den Besuch der Kathedrale bewusst gewählt, um die geistliche Bedeutung des Jahrtausend-
wechsels zu unterstreichen und nicht in Vergessenheit geraten
zu lassen, dass man in diesem Datum mehr sehen konnte als
die größte Party aller Zeiten. Der „Frieden auf der Welt"
war das Motto, unter dem die anschließende Fahrt Elizabeths
und Philips (zu denen sich inzwischen Anne und ihr Gemahl Timothy Laurence gesellt hatten) mit einem Schiff die
Themse hinauf stand. Die Flussufer waren von mehreren Tausend Menschen gesäumt, die der Queen zuwinkten. In den
Docklands ließen sämtliche dort liegenden Schiffe ihr Horn
ertönen, als der *Millenium of Peace*-Dampfer passierte. Als die
Queen den Greenwicher Meridian an Bord des Schiffes über-
kreuzte, wurde zur Unterstützung des landes- und weltweiten
Wunsches nach Frieden im neuen Jahrtausend von einem

Kriegsschiff der Royal Navy ein aus 21 Salven bestehender Salut geschossen.

Am *Millenium Dome* gingen die Queen und ihr Mann an Land. In der Halle wurde auf einer großen Leinwand das Bild des Big Ben übertragen. Als dieser vor dem Hintergrund eines sich rasch entwickelnden, brillanten Feuerwerks 12 Uhr schlug, erhob die Queen ein Glas Champagner und stieß mit Premierminister Tony Blair und seiner Frau Cherie an – und natürlich mit Philip, der ihr den ersten Kuss des neuen Jahrtausends gab. Wie die übrigen zehntausend Teilnehmer der Feier sang auch Elizabeth dann die traditionelle angelsächsische Neujahrshymne *Auld Lang Syne* und bildete ein Glied in einer riesigen, sich an den Händen haltenden Menschenkette, die dem neuen Zeitalter hoffnungsfroh entgegenblickte.

Runde Geburtstage

Ausdruck der „neuen Bescheidenheit" am Hof war auch die Art, in der Elizabeth ihren 75. Geburtstag im April 2001 beging. Sie hatte ausdrücklich darauf verzichtet, diesen Tag mit öffentlichen Feierlichkeiten zu begehen und vermied bewusst jedwedes Aufhebens um ihre Person; der einzige bedeutende Termin aus diesem Anlass war, wie in jedem Jahr, die im Sommer abgehaltene Geburtstagsparade *Trooping the Colour*, die sich in nichts von jenen unterschied, die weniger Aufsehen erregenden Lebensabschnitten gewidmet waren. Lediglich die Beflaggung öffentlicher Gebäude zeigte den Briten an diesem 21. April eine Besonderheit an, und die Londoner waren in ihrer ohnehin nicht gerade leisen Metropole zwei nicht alltäglichen Lärmquellen ausgesetzt: Im Hyde Park erklangen 41 Schuss Salut aus den Rohren der *Royal Horse Artillery*, im Garten des Tower feuerte die *Honorable Artillery Company* sogar 62 Schuss ab.

Die Jubilarin selbst verbrachte ihren Ehrentag an der Seite eines einzigen Menschen – Philips. Dass sie bei diesem Anlass ausschließlich mit dem wegen seiner Temperamentsausbrüche so oft Gescholtenen zusammen sein wollte, spricht

Bände über das Vetrauensverhältnis, das sich zwischen diesen beiden Menschen im Laufe von über fünfzig Jahren gebildet hat. Es dürfte mehr als nur Symbolik auch in der Tatsache zu sehen sein, dass kein Einziges ihrer Kinder – die ihr nicht gerade selten in den letzten Jahren Kummer bereitet hatten – an ihrem Geburtstag bei ihr war (oder bei ihr sein durfte?): Charles weilte auf Balmoral Castle, Anne reiste in offizieller Mission durch Südamerika, Andrew hatten seine Pflichten bei der Royal Navy nach Korea verschlagen und von Edward meldeten die Zeitungen lapidar, „es heißt, er sei in Amerika."[1] Selbst Her Majesty Queen Elizabeth The Queen Mother schien an diesem Tage nicht wohlgelitten zu sein; sie befand sich mit Prinzessin Margaret in Windsor.

Vielleicht hatte Elizabeth diesen Geburtstag noch aus einem anderen Grund als aus demonstrativer Bescheidenheit so klein gehalten: Die Öffentlichkeit hätte daran erinnert werden können, dass spätestens mit Erreichen dieses Alters beispielsweise für englische Richter und Bischöfe die Pensionierung vorgeschrieben ist. Und noch etwas bewegte die Queen: Sie wünschte sich, dass die Aufmerksamkeit und der Vorrat an Ehrenbezeugungen ihrem Mann vorbehalten bleiben sollte. Dessen 80. Geburtstag – den man, wüsste man nicht um sein Geburtsjahr, angesichts Philips Erscheinungsbildes nicht vermuten würde – lag ihr weitaus stärker am Herzen als ihr eigenes Jubiläum. Der Wunsch wurde ihr erfüllt und Philip mit einer Reihe würdiger Feierlichkeiten geehrt: Am 24. Mai fand in der Royal Albert Hall ein Festakt statt, gefolgt von einem Empfang durch den Londoner Bürgermeister Anfang Juni. Den eigentlichen Geburtstag, den 10. Juni, begingen Philip und Elizabeth mit einem Gottesdienst in der St. George's Chapel in Windsor mit anschließendem Empfang für Familienangehörige und Freunde im Schloss.

Das 50. Thronjubiläum

Ganz sicher blickte Elizabeth bei den „runden" Geburtstagen des Jahres 2001 schon in die absehbare Zukunft. Der Vorrat an Enthusiasmus für die Monarchie in der Bevölkerung durfte nicht völlig verbraucht werden, denn am Horizont zeichnete sich bereits das wahrscheinlich grandioseste Fest ihrer Regentschaft ab: das Goldene Thronjubiläum 2002. Das letzte derartige Ereignis im königlichen Kalender lag immerhin 115 Jahre zurück: die Feier zum 50-jährigen Thronjubiläum Queen Victorias war sowohl eine Ehrung der Königin, unter der das Empire wahrhaft weltumspannend geworden war, als auch eine Selbstdarstellung von Großbritannien und seiner Macht. Da Letzteres anno 2002 ganz sicher kein Thema ist, kann Elizabeth II. davon ausgehen, dass ihre persönliche Leistungsbilanz Gegenstand des Festprogramms sein wird.

Diese Ansicht vertrat mehr als ein Jahr zuvor auch Premierminister Tony Blair: „Ich glaube, dass die Menschen im Vereinigten Königreich und im Commonwealth sich mit mir freuen auf das Goldene Jubiläum Ihrer Majestät als eines freudigen Ereignisses und eines sehr speziellen Meilensteins. Es wird sowohl eine Zeit sein, um auf die zentrale Rolle zurückzublicken, die die Königin in den Angelegenheiten dieses Landes und des Commonwealth in den vorhergegangenen 50 Jahren gespielt hat und um der Fortsetzung Ihrer Majestät einzigartigen Beitrages für viele noch kommende Jahre entgegenzusehen." Diese letzte Bemerkung mag Prince Charles mit gemischten Gefühlen vernommen haben. Der Premier fuhr fort: „Die Queen hat gesagt, dass sie das Goldene Jubiläum als eine Gelegenheit ansieht, um sich für die Unterstützung und Loyalität zu bedanken, deren sie sich während ihre Regierungszeit erfreut hat. Sie hofft, dass die Ereignisse im Zusammenhang mit dem Jubiläum vielfältige Gelegenheiten für ehrenamtliche und kommunale Dienste bieten und dass so viele Menschen wie möglich die Gelegenheit haben werden, die Feierlichkeiten aus diesem freudigen Anlass zu genießen."[2] Aus Anlass des Thronjubiläums wird Elizabeth abermals das umfangreiche Logbuch ihrer Reisen im Dienst von Krone und

Nation um etliche Meilen erweitern können. Während der Sommermonate wird sie durch alle Teile des United Kingdom fahren, um den Kontakt mit möglichst vielen Bürgern zu suchen. Auch Reisen in mindestens ein Land des Commonwealth sind geplant. Großbritannien wird sich eines langen Feiertagswochenendes erfreuen können, denn die Regierung Blair hat Montag, den 3. Juni, zum offiziellen Jubiläumstag erklärt und den normalerweise im Mai liegenden, frühlingshaften Feiertag *Bank Holiday* auf Dienstag, den 4. Juni verlegt. An diesem Tag wird die Queen einem Dankgottesdienst in der St. Paul's Cathedral beiwohnen. Wenn es nach den Vorstellungen der Königin geht, werden im Sommer aus Anlass der Feierlichkeiten öffentliche Konzerte in den Schlossparks von Buckingham, Windsor und Holyrood stattfinden, mit Interpreten, die die 50 elizabethanischen Jahre musikalisch geprägt haben – neben Shirley Bassey und Cliff Richard sind auch die drei verbliebenen Beatles im Gespräch.

Und danach? Wie wird es sein, wenn die Girlanden und Flaggen abgenommen, die Parademusik der Militärkapellen verklungen, die Grillbuden und Souvenirstände geschlossen sind? Wird die Monarchie über den Tag hinaus – als Metapher für: über Elizabeths Regierungszeit hinaus – Bestand haben? Gegen Ende des 20. Jahrhunderts waren nach einer Umfrage 70% der Bevölkerung für einen Fortbestehen dieser Institution – fast genau so groß allerdings ist die Zahl jener, die die Monarchie modernisiert sehen wollen. Die meisten der Befragten dürften indes wohl keine eindeutige Vorstellung davon haben, wie man ein ererbtes Privileg, für das in erster Linie die Abstammung und nicht eine besondere Befähigung zählt, modernisieren soll, ohne dass es in einer Demokratie und einer multikulturellen Gesellschaft wie dem heutigen Großbritannien allzu sehr als jener Anachronismus wirkt, der er eigentlich ist. Die jungen Royals haben sich mit ihren privaten Affären und Krisen die denkbar ungünstigste Ausgangsposition geschaffen.

Die Frage nach der Existenzberechtigung der Monarchie wird sich nach Elizabeths Heimgang eines fernen Tages mit wesentlich stärkerem Nachdruck stellen, als sie während ihrer

Regierungszeit immer wieder artikuliert und durch ihr persönliches Beispiel, ihr Engagement und vor allem ihre Würde stets noch positiv beantwortet wurde. Schon zehn Jahre vor Elizabeths Goldenem Jubiläum schrieb der englische Novellist Julian Barnes warnend: „Als ich aufwuchs, operierte die königliche Familie noch als normales, häusliches Vorbild für die meisten Untertanen Ihrer Britannischen Majestät. Diese Funktion ist gegenwärtig auf dem Rückzug. Man könnte argumentieren, dass Elizabeths Kinder uns zeigen, wie demokratisch nahe sie den einfachen Leuten mit ihrer Fähigkeit sind, sich das eigene Leben zu versauen, aber das wäre sophistisch. Teil des unausgesprochenen Abkommens zwischen den Royals und der Bevölkerung ist die Tatsache, dass die Royals, als Gegenleistung für Privilegien, Reichtum und Bewunderung gelegentlich in ihrer Leidensfähigkeit sichtbar sein müssen oder zumindest den Eindruck des Leidens erwecken. Sie müssen außerdem von Zeit zu Zeit deutlich machen, dass sie schweren Pflichten unterliegen, unter langfristigen Bedingungen und Restriktionen agieren, um die sie der Rest von uns nicht beneidet. Sie können es sich nicht erlauben, in den Wohltaten einherzuschreiten und dann wegzugehen, wenn es brenzlig wird. Denn sonst würde die königliche Familie schnell zu reinen Illustrationen dessen degenerieren, was aus der Werbung als erstrebenswerter Lifestyle bekannt ist: nämlich wie wir, der Plebs, leben könnten und sollten, hätten wir das Glück, die Geschichte, die Steuerbefreiung. Ob dies eine ausreichende philosophische Begründung für das Weiterbestehen des Hauses Windsor ist, erscheint zweifelhaft."[3]

So wird es Elizabeth beschieden sein, dass das Fazit ihres Wirkens erst dann gezogen wird, wenn sie selbst schon Geschichte geworden ist. Es wird kein zweites Elisabethanisches Zeitalter sein, auf das man zurückblicken kann – dafür sind die Gestaltungsmöglichkeiten der zweiten englischen Königin dieses Namens im Vergleich zu ihrer rotgelockten Spätrenaissance-Vorgängerin unter den Bedingungen einer parlamentarischen Monarchie zu gering gewesen. Die erste Elizabeth herrschte – im buchstäblichen Sinne – über ein England, das einen grenzenlosen Aufstieg erlebte und das den Grundstein zur späteren Weltherrschaft legte. Die zweite Elizabeth war die Symbolfigur eines Landes, das sich auf einem – trotz allem geordneten – Rückzug befand und überdies einen fast revolutionären Umbruch in seinem Selbstverständnis durchmachte: vom Zentrum eines Empire zu einem wenn auch manchmal zögerlichen Partner Europas. Man kann Elizabeth II. Respekt bekunden für ein Lebenswerk unter den Zeitumständen, die sie nicht beeinflussen konnte. Und man wird, nicht erst im Rückblick, sondern schon zu Lebzeiten, ihr den Tribut zollen, den eine Hofdame in Worte fasste, die jeder Untertan, jeder Bewunderer, jeder Kritiker der Queen auf seine Weise deuten kann: „Es wird niemals wieder jemanden wie sie geben."[4]

Anmerkungen

1 The Times, 21. April 2001.
2 Ebd., 24. November 2000.
3 Zit. n. Bradford, S. 524/525.
4 Zit. n. Seward, S. 147.

Literatur

(Weitere Literatur siehe auch in den Anmerkungen zu den einzelnen Kapiteln. Übersetzungen aus dem Englischen stammen vom Autor.)

BRADFORD, SARAH: Elizabeth. A Biography. New York 1996 (zit.: Bradford).

BRADFORD, SARAH: George VI. London 1989 (zit.: Bradford, George VI.).

CRAWFORD, MARION: The Little Princesses. London 1950.

DIMBLEBY, JONATHAN: Prince of Wales. London 1995.

FERGUSON, SARAH: My Story. London 1997.

GASCOIGNE, BAMBER: Encyclopedia of Britain. The A–Z of Britains Past and Present. London 1993.

GAULAND, ALEXANDER: Das Haus Windsor. Berlin 1998.

GERSTE, RONALD D.: Queen Victoria. Regensburg 2000.

HARRIS, KENNETH: The Queen. London 1992.

HOEY, BRAIN: All the Queen's Men. Inside the Royal Household. London 1992.

JAY, ANTHONY: Elizabeth R. The Role of the Monarchy Today. London 1992.

KEAY, DOUGLAS: Elizabeth II. Portrait of a Monarch. London 1992.

LONGFORD, ELIZABETH: Elizabeth R. London 1983.

LACEY, ROBERT: Majesty. Elizabeth II. and the House of Windsor. New York–London 1977.

MORTIMER, PENELOPE: Queen Elizabeth, a Life of the Queen Mother. Harmondsworth 1986.

MORTON, ANDREW: Diana – Her True Story. London 1992.

NICHOLLS, L. A.: The Crowning of Elizabeth II. London 1953.

PANZER, MARITA A.: Die englischen Königinnen. Von den Tudors zu den Windsors. Regensburg 2001.

PARKER, JOHN: Prince Philip. A Critical Biography. London 1990.

PARKER, JOHN: The Queen. London 1992.

PEARSALL, RONALD: Kings & Queens. A History of British Monarchy. London 1998.

PIMLOTT, BEN: The Queen. New York 1996.

ROSE, KENNETH: Kings, Queens and Courtiers. London 1985.

SEWARD, INGRID: The Queen and Di. London 2000.

SPOTO, DONALD: The Decline and Fall of the House of Windsor. New York-London-Toronto 2000.

THATCHER, MARGARET: The Downing Street Years. London 1993.

WARWICK, CHRISTOPHER: Princess Margaret. London 1983.

WENDE, PETER (Hg.): Die englischen Könige und Königinnen. München 1998.

ZIEGLER, PHILIP: Mountbatten. London 1985.

ZIEGLER, PHILIP: King Edward VIII. The Official Biography. London 1990.

Wer die vielfältigen Verpflichtungen von Elizabeth, Philip, Charles, Anne, Andrew und Edward sowie der diversen Anverwandten verfolgen möchte, dem sei die Zeitschrift ROYAL INSIGHT empfohlen. Ihre Website bietet u. a. den königlichen Terminkalender in aller Ausführlichkeit an. Es ist fast, als sei man dabei: www.royalinsight.gov.uk

Interessante Informationen über die Geschichte des englischen Königshauses, über die einzelnen Mitglieder, die Residenzen der Queen und vieles mehr findet man auf der offiziellen Website „The British Monarchy" unter: www.royal.gov.uk/

1999 erschien auch eine Video-Serie über die Royals:
– The British Royals – Die Königsmutter
– The British Royals – Die königliche Firma
– The British Royals – Königin Elisabeth II.
– The British Royals – Königliche Liebschaften
– The British Royals – Skandale am Königshof

Bildnachweis

AKG = Archiv für Kunst und Geschichte, Berlin
SV   = Süddeutscher Verlag, Bilderdienst, München

S. 81 oben: SV (The New York Times Bilddienst, Berlin)
S. 81 unten: SV
S. 82 oben: SV (Scherl Bilderdienst)
S. 82 unten: SV
S. 83 oben: SV
S. 83 unten: SV (dpa)
S. 84 oben: AKG
S. 84 unten: SV (Studio Lisa Ltd.)
S. 101:   SV (Breuel-Bild)
S. 102 oben und unten: SV (AP)
S. 103:   SV (AP/ Chris Harris)
S. 104 oben: SV (AP)
S. 104 unten: SV (Meldepress)
S. 137 oben: SV (Tropical Press)
S. 137 unten: SV (dpa)
S. 138 oben: SV (United Press)
S. 138 unten: SV (dpa)
S. 139 oben: SV (AP)
S. 139 unten: SV (Central Press Photos Ltd.)
S. 140 oben und unten: SV (AP)
S. 141 oben: SV (dpa/Altwein)
S. 141 unten: SV (AP/Martin Keene, PA)
S. 142 oben und unten: SV (AP)
S. 143 oben: SV (AP)
S. 143 unten: SV (dpa)
S. 144 oben: SV (dpa)
S. 144 unten: AKG (Britische Botschaft)

Register

(erstellt von Gabriele Woll)

Orte

216

Personen

217

HAUS WINDSOR

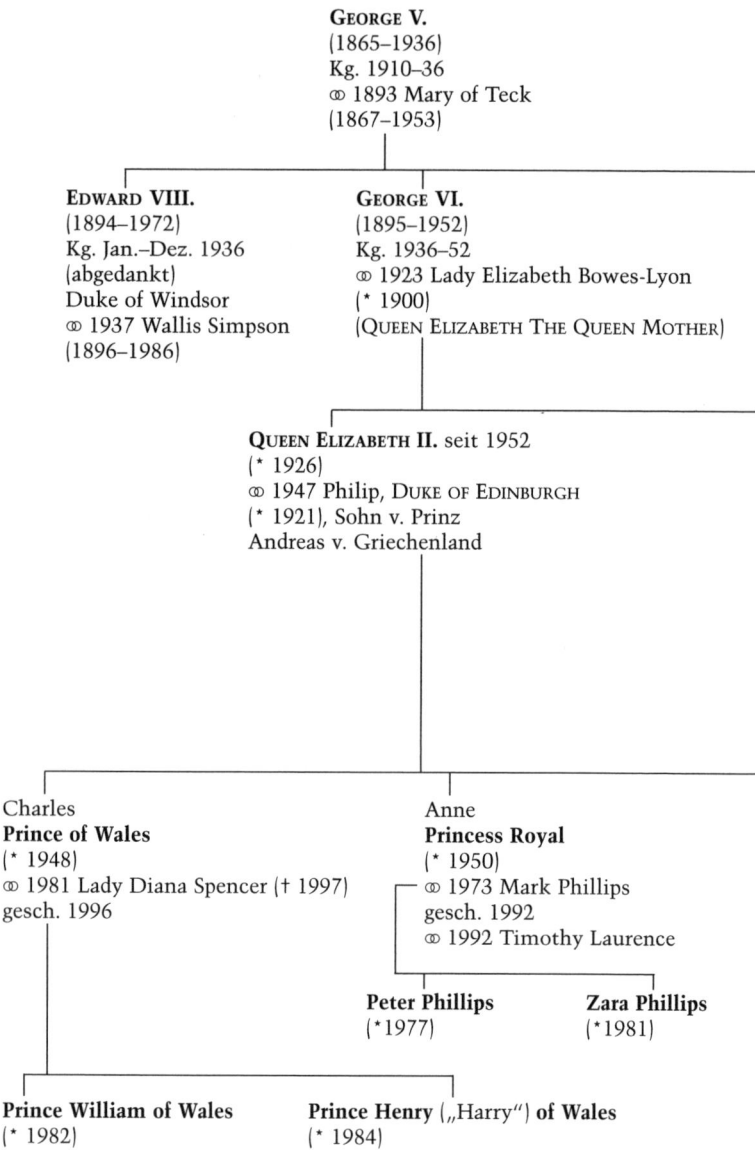

George V.
(1865–1936)
Kg. 1910–36
⚭ 1893 Mary of Teck
(1867–1953)

Edward VIII.
(1894–1972)
Kg. Jan.–Dez. 1936
(abgedankt)
Duke of Windsor
⚭ 1937 Wallis Simpson
(1896–1986)

George VI.
(1895–1952)
Kg. 1936–52
⚭ 1923 Lady Elizabeth Bowes-Lyon
(* 1900)
(Queen Elizabeth The Queen Mother)

Queen Elizabeth II. seit 1952
(* 1926)
⚭ 1947 Philip, Duke of Edinburgh
(* 1921), Sohn v. Prinz
Andreas v. Griechenland

Charles
Prince of Wales
(* 1948)
⚭ 1981 Lady Diana Spencer († 1997)
gesch. 1996

Anne
Princess Royal
(* 1950)
⚭ 1973 Mark Phillips
gesch. 1992
⚭ 1992 Timothy Laurence

Peter Phillips
(*1977)

Zara Phillips
(*1981)

Prince William of Wales
(* 1982)

Prince Henry („Harry") **of Wales**
(* 1984)

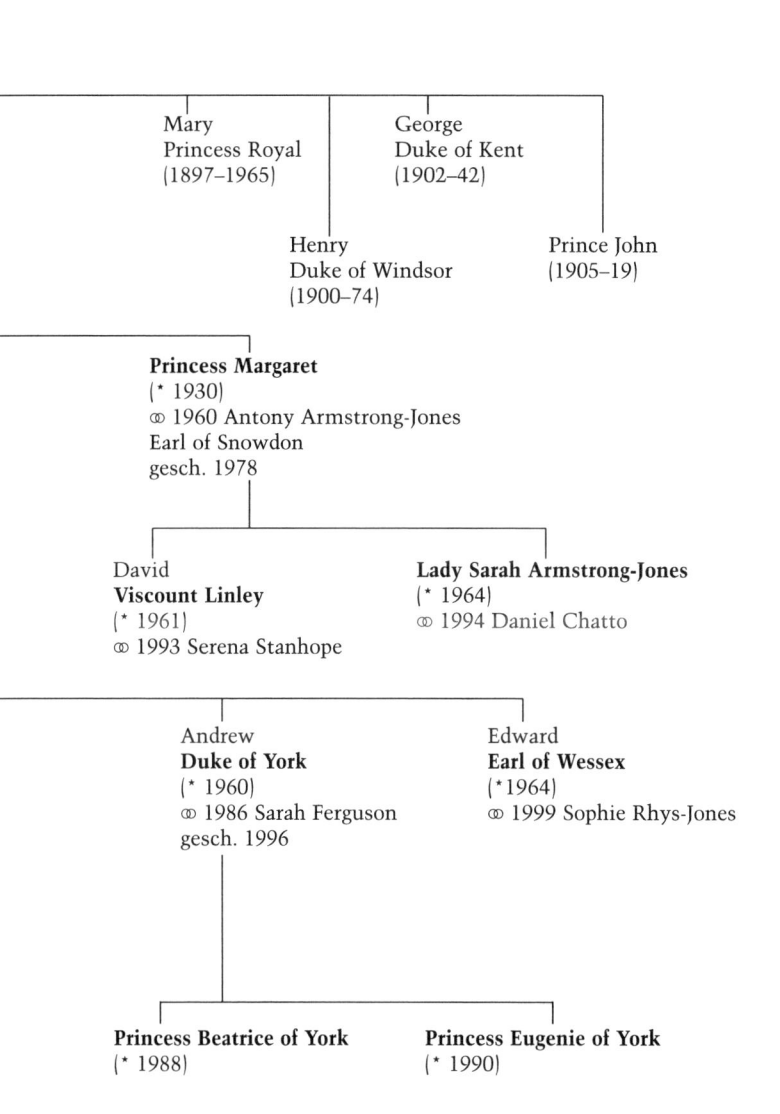

Mary
Princess Royal
(1897–1965)

George
Duke of Kent
(1902–42)

Henry
Duke of Windsor
(1900–74)

Prince John
(1905–19)

Princess Margaret
(* 1930)
∞ 1960 Antony Armstrong-Jones
Earl of Snowdon
gesch. 1978

David
Viscount Linley
(* 1961)
∞ 1993 Serena Stanhope

Lady Sarah Armstrong-Jones
(* 1964)
∞ 1994 Daniel Chatto

Andrew
Duke of York
(* 1960)
∞ 1986 Sarah Ferguson
gesch. 1996

Edward
Earl of Wessex
(*1964)
∞ 1999 Sophie Rhys-Jones

Princess Beatrice of York
(* 1988)

Princess Eugenie of York
(* 1990)

Das Porträt einer Königin, die einem ganzen Zeitalter ihren Namen gab, der zu einem Synonym für Solidität und Sittenstrenge wurde.

Das Schicksal einer Herrscherin zwischen politischen Triumphen und privaten Tragödien, das Leben einer willensstarken und faszinierenden Frau, das so wenig zum Mythos passen will, der mit ihrem Namen verbunden ist.

Ronald D. Gerste
Queen Victoria
Die Frau hinter dem Mythos
207 S., 27 s/w-Abbildungen
Hardcover
DM 39,80/ab 1.1.2002: € 19,90
ISBN 3-7917-1721-9

Verlag Friedrich Pustet
www.pustetverlag.de

Nur wenige konnten sich Intrigen und Verschwörungen, Neid und Hass entziehen, einige bezahlten ihre Stellung sogar mit dem Leben ...

Erstmals werden in einem Band sechs Jahrhunderte englische Monarchiegeschichte aus den Blickwinkeln aller 26 Königinnen erzählt, angefangen bei Elizabeth von York, der Gemahlin Heinrichs VII., bis zur gegenwärtigen Repräsentantin Elizabeth II.

Marita A. Panzer
Englands Königinnen
Von den Tudors zu den Windsors
359 S., 23 s/w- und 6 Farbabbildungen
Leinen
DM 58,–/ab 1.1.2002: € 29,90
ISBN 3-7917-1749-9

Verlag Friedrich Pustet
www.pustetverlag.de